Spherical

球面商业规律

谢显峰◎著

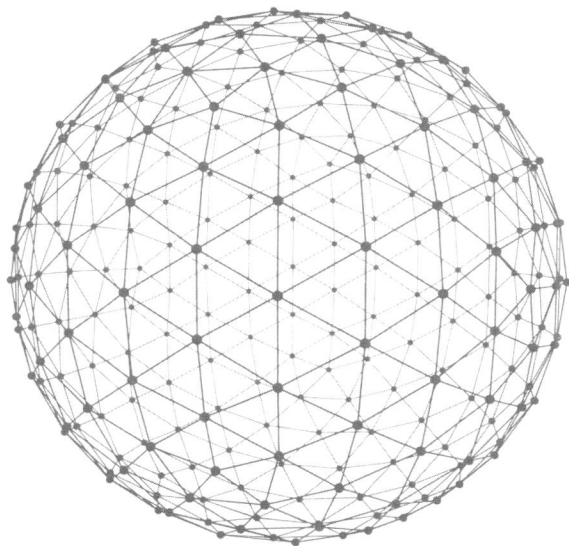

Business Theory

经济日报 出版社

图书在版编目（CIP）数据

球面商业规律 / 谢显峰著. —北京：经济日报出
版社，2021.11
ISBN 978-7-5196-0958-0

Ⅰ.①球⋯ Ⅱ.①谢⋯ Ⅲ.①品牌战略—研究 Ⅳ.
①F273.2

中国版本图书馆CIP数据核字（2021）第209497号

球面商业规律

作　　者	谢显峰
责任编辑	梁沂滨
责任校对	王浩宇
出版发行	经济日报出版社
地　　址	北京市西城区白纸坊东街2号A座综合楼710（邮政编码：100054）
电　　话	010-63567684（总编室）
	010-63584556（财经编辑部）
	010-63567687（企业与企业家史编辑部）
	010-63567683（经济与管理学术编辑部）
	010-63538621 63567692（发行部）
网　　址	www.edpbook.com.cn
E-mail	edpbook@126.com
经　　销	全国新华书店
印　　刷	天宇万达印刷有限公司
开　　本	710毫米×1000毫米　1/16
印　　张	12.5
字　　数	149千字
版　　次	2021年11月第一版
印　　次	2021年11月第一次印刷
书　　号	ISBN 978-7-5196-0958-0
定　　价	68.00元

现象与反思

在商业界有一个广为流传的现象：如果一个人说自己是做商业理论研究的，那么很容易被认为是纸上谈兵，不接地气；但如果一个人说自己已经取得了很大的成就，或者在某个大公司担任过某个重要的职位，是实战派，那么就有很多人愿意坐下来听他说话了。

人们判断商业理论的正确与否，似乎与是谁创造了这套理论有着莫大的关系。成功者说的话很少会有人觉得是错的，反过来如果你不成功，可能你怎么说都是错的。因为大家会问：如果你是对的，你怎么不成功？

这一切看上去似乎理所当然，毫无破绽。但事实是这样吗？我们现在把场景转移到科学界。

第一个问题：有没有不接地气的科学理论？答案显而易见是否定的。一个科学理论如果不接地气就不能被称之为科学理论。很多理论现在还没有运用到实际领域，只是因为时候未到。

第二个问题：科学理论的正确性与是谁提出来的有关系吗？不言而喻，答案也是否定的。杨振宁先生默默无闻之时，依然凭借宇称不守恒理论一举夺得诺贝尔奖；伟大如牛顿，花费半生心血研究的炼金术理论，也照样得不到世人的认可。显然，理论是否正确只与理论本身有关。

这么看来，商业界的思维与科学界极不相融。从常识上来看，与科学相悖就意味着错误的可能性很大，所以作为一本研究商业理论的书，有必要一开始就探讨一下什么是科学理论。

归纳法与演绎法

科学理论是采用归纳演绎的方法建立的对客观事物规律描述的系统性知识，它要求必须能解释所覆盖领域的所有现象，不能有一个例外，并且能够对未来的现象做出准确的预测。

理论一旦有了例外，那么，对未来的预测就不会准确，因为谁也不会知道那个例外在什么时候会出现。而人们之所以使用科学理论服务生活、生产，实际上就是期望未来在相关领域得到预期的结果。如果理论本身存在例外，那么我们实际上就是在碰运气了，这就是科学理论需要严谨的原因。

归纳法指通过实验的方法得出普遍性的结论，如一份水完全电解可得到比例为 2∶1 的氢气和氧气，那么，就可以得出结论——水的分子式是 H_2O；又或者是现实生活中不证自明的公理，如一加一等于二、天下乌鸦一般黑，等等。归纳出来的结论或公理就是我们常说的底层逻辑，底层逻辑的要求是清晰明了并且在理论覆盖范围内绝对正确。

科学理论的建设往往要追溯到普遍存在的底层逻辑。达尔文《进化论》的底层逻辑之一就是生命普遍存在的本能——趋利避害，生命出于趋利避害的本能产生躲避饥饿、寒冷或死亡等行为，竞争有限的资源，从而产生竞争关系；之二是基因突变方向的不确定性，使得个体适应环境的能力有强弱之分。两者结合，产生了生命的进化。

演绎法是指在归纳出来的结论的基础上做进一步的推导，得出更进一步的结论或定理。我们以欧几里得几何为例来说明。首先是归纳法：在平面上，沿直线外一点有且只能引出一条直线与该直线平行，这是一条不证自明的公理。其次是演绎法：在平面上，如果 A 直线与 C 直线平行，B 直线与 C 直线平行，那么，A、B 直线必定平行。

我们试想一下，如果 A、B 直线相交，必定有一个交点，那么，通过一个交点就有两条直线 A、B 同时与直线 C 平行，这显然违背了前面归纳出的公理。另外，该理论之所以要规定在平面上，是因为在马鞍面或者球面上得出的结果完全不同。所以，一个理论的适应范围或边界必须十分清晰。

如果对这样的解释还不能十分理解，那么，下面这个例子就显得十分通俗易懂了。现在，我们运用上述对科学理论的定义创造一套全新的理论。

归纳法结论：天下乌鸦一般黑，也就是说，天底下所有的乌鸦都是黑色的。这个观点是我们在现实生活中得出的普遍性结论，我们暂且把它看成是一条公理。演绎法结论：所有白色的鸟都不是乌鸦，这显而易见。

科学理论要求对未来的现象做出准确的预测，那么，我们可以预测在未来任意时刻、任意地点，任何人抓到的乌鸦肯定是黑色的，抓到的白色的鸟必定不是乌鸦。

很多科学理论一开始是错误或者不完善的，这就需要推翻或修正。托勒密的经典著作《天文学大成》是以"地心说"为基础的天文理论；后来者哥白尼的《天体运行论》推翻了"地心说"，建立了以"日心说"为基础的全新理论，但是不够完善，不能解释所有现象；再后来的一系列大家，如开普勒、牛顿、爱因斯坦等，一步步修正、完善，构建了完美的宏观天体力学框架。

我们拿乌鸦理论来模拟这个过程也十分简单。由天下乌鸦一般黑，推导出所有白色的鸟都不是乌鸦的结论。如果有一天，我们发现有一只白色的乌鸦，那就说明该理论有问题，不能解释所有现象，那么，该理论就需要推翻或修正。这个理论可以修正为天下的乌鸦除了一只白色的，其他全是黑色的，而结论就变成了除去那一只白色的乌鸦，其他所有白色的鸟都不是乌鸦。

因果性与相关性

归纳演绎是科学研究的两大基本方法，这是一种强烈的因果性逻辑关系。与因果性对应的是相关性。要讲清楚什么是相关性，就要涉及很多专业术语，这就与本书通俗易懂的初衷相违背，还是来举例说明。

据统计，全球死亡率最高的公共场所是医院，所以我们得出结论，为了生命安全要少去医院。这是一个显而易见的可笑结论。因为我们都清楚，将死的人大多都要去医院拯救一下，只是碰巧或无奈死在了医院。医院和死亡建立了一种相关性，但绝不是因果性。疾病才是导致死亡的真正原因。这个例子很容易就能看懂，但是，下面的例子就不那么简单了。

有专家统计，常吃牛排的小孩比较聪明，所以我们要给小孩多吃牛排。我们先假定专家的统计是正确的，常吃牛排的小孩确实整体上比少吃牛排的小孩表现得更聪明，那么，我们就要给小孩多买牛排吗？而事实可能是，常吃牛排的小孩家庭条件较好，能接触到更好的教育资源，于是就显得聪明一些。牛排与聪明只是相关性，不是因果性。

再有统计表明，吸烟的女性得乳腺癌的概率比较大，我们是不是就可以认为，是香烟导致了更高的乳腺癌患病率呢？显然不能，因为可能是吸烟的女性生活作息不规律或其他原因导致了乳腺癌。

混淆因果性与相关性是商业理论建设中的常见误区。有些理论听起来无懈可击，但事实往往并非如此。据权威调查，成功的企业大多有一流的团队，他们有活力、创造力、执行力，这是企业成功的关键。所以，我们要学习如何打造一流的团队，这样才能取得商业的成功。

这看起来似乎天经地义，但事实是，更多的成功企业一开始并没有一流的团队，他们或许是因为站在风口上，或许是因为具有有效的资源、人脉。当企业蒸蒸日上、利润充沛之后开始招兵买马，进而打造出了一流的团队。团队表现出的一流或许只是一个商业体成功后呈现的相关表现之一，是结果而不是原因。

我们举个众所周知的案例——英语教育龙头企业新东方。俞敏洪先生本是北大的英语老师，迫于生计偷偷开办校外补习班，没想到正好撞在一个出国留学潮的巨大风口上，报名者争相排队。于是，俞敏洪先生开始打造一流的团队，召回同窗好友共创事业，最终打造出了今日享誉国际的新东方。没错，他们拥有一流的团队，但是试想，如果没有巨大的风口，一流的团队是否依旧是取得成功的关键？这一点值得深思。

又或者就算有一流的团队，他们在商业中能起到关键性作用吗？美国的安然、世通、柯达，以及芬兰的诺基亚等无数的巨头，都已不再拥有曾经的辉煌。甚至在 2018 年 6 月，美国百年商业巨头通用电气都已经被普标道琼斯指数委员会从道琼斯工业平均指数 30 种成分股中移除了。

当一个公司取得好成绩的时候，我们会自然地认为它拥有一流的团队，反之则没有。难道那些失败的公司都是因为没有一流的团队吗？这显然也不是。我们可以感觉到，或许一流的团队与商业的成功只具备相关性，不具备因果性。当然，我们应该要强调一下，这里的团队是指公司的执行团队，不指具备卓越战略能力的个人或小团体。

如果我们误把相关性当成因果性，把一流的团队看成是企业成功的关键，那么，很显然不会取得良好的效果。就好像前面所说的吃牛排与变聪明之间只是相关性，就算每天给小孩吃牛排，他也不会变得比其他小孩更聪明。

我们再举一个更加通俗的例子：调查发现，大多数成功的企业家都开豪车，于是我们得出结论，要想成功就要先买豪车，这显然无比滑稽。调查发现，大多数成功的企业家都有一流的领导力，于是我们得出结论，要想成为成功的企业家就要学习领导力。

如果你也是这么认为，那么，与上述买豪车的滑稽之举又有什么区别呢？成功企业家的领导力只是成功后表现出的结果而已。人不能保证一辈子成功，如果这位有一流领导力的企业家某一天失败了，又该如何解释，难道是他的领导力突然消失了吗？这样丝毫不具有科学性的案例比比皆是。

科学研究中的单一变量

科学研究的一个典型方法是单一变量，指的是当影响一个结果的变量有多个时，我们要想研究其中一个变量对结果的影响，就必须把其他变量设置为定量。如若不然，我们怎么能知道是哪个变量起了作用，又起了多大的作用？

我们把商业成功看成是一种结果，那么影响这个结果的变量有地域因素、时间先后因素、初始参数因素（产品或服务品质以及对市场的投入）、战略规划因素等。

如果我们要研究战略规划因素对商业成功结果的影响，就必须把其他变量设置为定量。打个简单的比方，我们各开一家饭店相互竞争，影响最终胜出的因素有饭店开在哪里、谁先开谁后开、谁的菜更好吃或服务更好、投入宣传资金的多少、谁的战略规划更好等。

我们要弄清楚战略规划对竞争结果的影响，就必须先假定我们在同一地点、同一时间各开了一家菜品服务及投入宣传力度一样好的饭店，只有战略规划因素，如品牌名字、价值塑造等外在因素不一样。

是的，天底下没有这么巧的事，只存在单一变量不同的商业竞争情况几乎没有。但是，科学理论本身就是设想一种完美状态，它描述的完美状态大多在现实生活中找不到，有些甚至必须依靠思维实验才能验证，但这并不妨碍它的伟大价值。

如牛顿第一定律，也就是著名的惯性定律。它的描述是物体在不受力的情况下，要么静止，要么匀速直线运动。但是，现实生活中没有不受力的物体，这是一种理想状态。然而，就是这个理想状态下的科学理论成了奠定经典力学基础的三大定律之一，直到今天依然指引着人类前进的方向。

单一变量是科学研究的基本方法，也是十分重要的方法。当多个变量同时对结果产生影响的时候，若不能排除其他变量的干扰，我们就无法判断其中任何一个变量对结果的影响。这种思想对现代医学的发展起到了关键性作用。

第二次世界大战期间，某德军战俘营正在流行白喉这种传染病，而药品又极其缺乏。当时，因被俘而在战俘营从事医疗工作的英国军医考克兰十分悲观，起初，他估计最少会有几百人丧命，但最终只有四人死亡，其中三人还有枪伤在身。他第一次发现原来人体有如此强大的自愈能力，他也第一次怀疑之前对所有疾病的医疗干预是否真的有效，是否有许多结果是人体本身的自愈能力导致？

因为有了这种怀疑，于是逐渐诞生了循证医学——一门寻找真正战胜疾病原因的科学思想。它集中体现在现代医学制药的临床第三期上面，也就是大样本随机双盲测验。人们发现，一种疾病的治愈是多种因素的综合结果，常见的包括人体的自愈能力、安慰剂效应、药物作用三大因素。

为了避免药物的无效或过度使用，检测药物的实际疗效就显得十分必要。当影响一个结果的变量有多个时，要判断其中一个变量对结果的影响，就要把其他变量设置为定量，而大样本随机双盲测验就是这样一个精巧的单一变量测试。

现在，我们要判断某种药物对某种疾病的作用，第一步就是寻找许多得了这个病的病人，病人数量越多则结果越准确，这就是大样本。第二步是把这些病人随机分配成两组或多组，分为实验组和对照组，实际情况可能更精确一些，涉及性别、年龄和病症轻重程度。第三步是委派给药人员分别给实验组药物，给对照组安慰剂，给药人员和参加测试的病人都不知道他们拿到的是真的药还是安慰剂，这就是双盲。随即观察实验组和对照组病人的身体各项指标，分析药物起到的作用。

这样的巧妙设定排除了人体自愈能力和安慰剂效应的干扰，实验组和对照组结果的差异则可用以判定药物效果的差异。双盲法是人类智慧的伟大结晶，被广泛运用到各个领域。

如我们要调查消费者对可口可乐和百事可乐口味优劣的看法，显然不能直接去询问。由于受到个人偏好、心理暗示以及品牌效应等因素的影响，我们很难得到真实的答案，这个时候双盲法就派上了用场。我们可以找来一些杯子做好标记，分成两组，一组倒入可口可乐，一组倒入百事可乐，然后，找来一定数量的消费者分别尝试，这样得出的结论无疑准确得多。

在商业界，我们很容易就认为商业成功者讲的话富有道理，是正确的。反之，那些普通大众或失败者讲出的话没人信。如果是这样，我们也可以试想，使用双盲法得出结论。我们找来一些大咖讲过的被认为正确的话和一些普通大众或失败者讲的话，写在纸上，让不知情的人们去判断哪句更有道理，结果会怎样呢？或者，直接让普通大众或失败者去说成功者说过的话，又会有几人相信呢？

科学思维与商业思维

科学，对大多数人来说，远在天边又近在眼前。说它远在天边，是因为在我们的生活中拥有科学思维的人很少，因果性、相关性、可证伪性这些概念甚至在学生时代都少有接触。

科学是一套可靠的判断事物对错的标准，如果没有这套标准，就很容易迷信、随大流、人云亦云。近些年出现的一个新兴转义词"韭菜"，就是最形象的描述，正所谓，生而被割，生生不息。

说科学近在眼前，是因为在现实生活中，我们所能想到的与衣食住行相关的事物都离不开科学，在一切背后有无数的科学理论在默默支撑着。就拿我们穿的衣服来说，从原料上来看，动物皮毛和植物纤维大部分是依靠科学的方法来培育和养殖、种植的，化学合成或工业提炼的原料科技含量更高。从制作上来看，所有的工具，小到一把剪刀，大到大型的纺织、剪裁、缝纫工具，都是利用各种科学原理制造的。除去某些未开化的原始部落，我们所有人都生活在科学的海洋之中。

无论如何，科学总给人一种可靠的感觉。我们从来不用担心一套成熟的科学理论会出错，事实上，它几乎不会出错，以至于在现实的生产、生活中，尤其是跟普通大众有关的领域，我们从来不会思考，会不会是某个科学理论出错导致了不好的结果，只会下意识地从其他方面寻找原因，并且屡试不爽。

为什么？因为科学理论本身就有正确的定义。就像我们前面说到的，一套科学理论必须能解释它所覆盖领域的所有现象，不能有一个例外，并且对将来的现象做出准确的预测，讲究严密的因果逻辑和可证伪性。

商业是以竞争为影响方式的大型复杂系统，能给我们带来成就和财富。在中国古代，人们实现自我价值、达到人生巅峰的路径只有一条，那就是仕途。但那是大多数的富裕人家才有资格跨过的门槛，是多为豪门大族才能游刃有余的领域。在如今这个发达的商业时代，商业给了所有人一个创造奇迹的机会，追求商业上的成功成了我们大多数人的梦想。

我们都渴望得到商业成功的方法，我们都希望能避免失败的风险。可怎么才能做到呢？不知道。所以，我们需要学习。学什么呢？当理论派被冠以纸上谈兵之名后，实战派开始引领潮流。实战派从各种成功或失败企业的经验中总结出实用的方法，道路是正确的，但大多犯了幸存者偏差的错误。又或者，同样的方法既能出现在成功的企业中，也能出现在失败的企业中，我们无法判断它到底起了什么样的作用，甚至是否起了作用。这些弊端令我们发现实战派也不怎么管用，一切都显得糟糕透顶。

我们用建筑领域来比喻商业行为，如果只是建一所乡下平房或小洋楼，目不识丁的包工头也可以胜任，不需要多少建筑学知识，光凭经验即可。就好比，我们在路边摆个夜宵摊或在菜市场经营一个档口，一个小学毕业的大妈也可以胜任。但是，如果我们要建一座 100 层的大楼，这个时候就需要专业的科学理论，如建筑力学，如果其他方面不出问题，它才能保证我们这座大楼绝不会塌。

所以，我们要想成为建筑大师就必须先学理论，这一做法在商业界被嗤之以鼻，其原因只有一个，那就是我们的理论靠不住。实战派或许能手把手教你把这 100 层的大楼建起来，你也学会了，但是，如果换一块地基、换一个样式呢？你又不会了。极少有一模一样的商业情况，所以，实战派能起到的作用也十分有限。

其实，一开始我们的想法是没错的——先有理论，再有实战。后来，之所以理论不落地、实战靠不住，其根源是我们缺少一套可靠的理论来指导商业行为，我们也迫切需要一套可靠的理论来结束乱象。从哪里找？除了科学，别无选择。

能够用来指导生产实践的知识，只能是对客观事物规律描述的科学知识，客观规律不会随着主观认知的差异而改变。商业理论要想成为一门行之有效的科学，就必须严格地采用科学方法来做研究，否则，就只能沦为成功学或鸡汤学。科学思维是我们摆脱无知，走向认知的必经之途，愿我们从此走向高效正确的企业经营之路。

Contents
目 录

001

商业篇

077

社科篇

商业篇

统一变量

现代商业是以竞争为影响方式的大型复杂系统，商业研究的目的是帮助商业体思考如何赢得竞争。影响赢得竞争的三大因素为：时空因素、初始参数因素和战略规划因素。

时空因素指参与竞争商业体存在的地域差异和时间先后；初始参数因素指商业体产品品质和对市场的资源投入；战略规划因素包括品牌命名、价值定位、广告语等对于产品的外部规划。

当有多个变量对结果同时产生影响的时候，要研究其中一个变量对结果的影响就要把其他变量设置为定量。本书主要研究战略规划因素对结果的影响，需把另外两大因素设置为定量，即若无特殊说明，我们理论上设定参与竞争的商业体的时空因素和初始参数因素一致。

第一章　品牌效应的定义

一、品牌的定义

什么是品牌？从狭义上来说，品牌是指经营者为其生产的产品或提供的服务所取的名字，具备唯一性的特征，不能被模仿，仿冒必究。

广义上来说，任何事物都是有名称的，这个名称就可以称之为品牌。从这个角度上来看，我们每个人的名字就是一个典型的品牌。所以，研究商业规律对个人人生的规划也是很有意义的，毕竟，我们每个人的人生也可以看成是一个经营自身品牌的过程。

以 2018 年，WPP 发布的"全球最具价值品牌 100 强"榜单为例："谷歌蝉联全球最具价值品牌，苹果紧随其后，两大品牌的价值都超过了 3000 亿美元。中国品牌腾讯和阿里巴巴进入了十强。入选的 100 个品牌总价值为 4.4 万亿美元，比上年增长了 21%。京东品牌价值比上年增长了 94%，领军今年品牌价值增速最快的 20 个品牌。"

纵览榜单，不难发现："美国有 55 个品牌上榜，远远超过其他国家。中国有 15 个品牌上榜（含香港 1 个品牌）。其他国家上榜品牌数量依次为：德国 8 个，法国和英国各 4 个，日本 3 个，澳大利亚、加拿大和西班牙各 2 个，印度、印尼、意大利、韩国和瑞典各 1 个。"

中国内地上榜品牌如下：

排名	品牌	原产国	行业	品牌价值 / 年增长率
5	腾讯（Tencent）	中国	科技	1789.90 亿美元 /+65%
9	阿里巴巴（Alibaba）	中国	零售	1134.01 亿美元 /+92%
21	中国移动（China Mobile）	中国	电信服务	463.49 亿美元 /-18%
22	中国工商银行（Industrial and Commercial Bank of Bank）	中国	区域性银行	458.53 亿美元 /+45%
34	茅台（Moutai）	中国	烈酒	321.13 亿美元 /+89%
41	百度（Baidu）	中国	科技	268.61 亿美元 /+14%
43	中国平安（Ping An）	中国	保险	261.41 亿美元 /+51%
48	华为（Huawei）	中国	科技	249.22 亿美元 /+22%
49	中国建设银行（China Construction Bank）	中国	区域性银行	237.47 亿美元 /+27%
59	京东（JD.com）	中国	零售	209.33 亿美元 /+94%
69	中国农业银行（Agricultural Bank of China）	中国	区域性银行	191.41 亿美元 /+28%
79	中国人寿（China Life）	中国	保险	164.29 亿美元 /+18%
84	中国银行（Bank of China）	中国	区域性银行	156.07 亿美元 /+30%
90	顺丰（SF Express）	中国	物流	145.37 亿美元

二、品牌价值的定义

要定义品牌的价值，首先就要定义什么是价值。任何生命的本能都是趋利避害，任何生命的行为皆源自这一本能。所以，我们对价值的定义就可以是：任何有助于生命趋利避害的事物都是有价值的，价值的大小取决于帮助其趋利避害的大小以及多少。

所以从经营者的角度来看，品牌的价值就是他们赋予其品牌的某种能够帮助消费者趋利避害（解决消费者痛点）的基本属性。例如：王老吉凉茶的价值是解决消费者怕上火的痛点；绿箭口香糖的价值是解决消费者口气不清新的痛点；科学声音科普组织的价值是解决人们普遍缺乏科学精神的痛点。

品牌的传播实际上就是信息的传播，更具体一点就是品牌价值信息的传播。众所周知，我们的大脑青睐更简单的信息，所以，如果你的品牌价值不明确或者太过复杂，就会导致传播过于艰难的后果。

每个经营者都知道他们的品牌价值是什么，这是主观意识的结果。品牌对于品牌经营者来说，就如同最亲密的伙伴，他们知道所有的细节。

相对于经营者的主观意识，消费者的立场就是客观的一面。经营者明白品牌的价值，不代表消费者也明白它的价值。消费者是品牌的消费者，品牌的价值信息在消费者之中传播，所以，不管经营者认为品牌的价值是什么，消费者如何认为才是重点。

有一个简单的方法可以确定我们在消费者心里的价值，那就是站在消费者的角度来问我们的品牌是什么？如果回答过于复杂，就必须要警惕信息复杂带来的传播困境。因此，无论经营者要赋予品牌什么样的价值，信息简化永远是品牌价值规划的第一考虑。

另外，品牌的价值决定了品类的划分。大品类一般由商品的基本属性决定，如手机移动终端的基本属性决定了手机行业这个大品类；小品类由商品更细分的附加价值决定，如苹果手机以及其他价格接近的手机的高昂价格决定了高端手机这个小品类。

三、品牌效应的定义

1. 定义品牌效应的必要性

判断一个品牌是否成功的简单标准是看它是否处于市场的领导地位，而品牌领导地位的直接表现就是拥有品牌效应。也就是说，经营者在追求领导地位的同时，实际上也是在打造品牌效应，这是同一件事。

每一个经营者都希望自己的品牌最终获得品牌效应的加持，这是真正的主角光环。有了它，在某种程度上就可以为所欲为，如制定高于同行价格的权力，从而产生更多的盈利。而没有品牌效应，在竞争中往往只有降低价格这条路可走，这不是我们所希望看到的。

那么，品牌效应到底是什么呢？我们可以说卖得好的品牌就有品牌效应，反之，卖得不好的就没有，或者说消费者认可的就有品牌效应，等等。但是，这些说法就好像告诉别人，我有一个苹果，却不能说明什么是苹果。

我们必须从更低的逻辑层面定义品牌效应。寻找更底层的定义是研究的根本目的，是取得最终成果的必经之路。所以，请允许我怀着严肃的态度，做一次大胆的尝试。

2. 蜂群思维与消费者群体思维

我们想象这样一个场景：当我们认为一个品牌是个大牌的时候，是不是潜意识地认为有很多人在买它？是不是可以类比成我们正处于人群的中心，周围的所有人都在告诉我们买它没错？思维再发散一下，是不是每一个消费的状态都与我们一样，处于人群的中心，同时被其他人影响？

这样的场景想象能带来某种不可言喻的启发。为了把这种不可言喻变得更具体一些，在这里，我必须要引入《失控》这部史诗级著作开篇所讲的蜂群思维，内容如下：

> "现在我们已经可以确定，蜂群的统治者并不是蜂后。当蜂群从蜂巢前狭小的出口涌出来时，蜂后只能在后面跟着。"
>
> "蜂后的女儿负责选择蜂群应该何时何地安顿下来。五六只无名工蜂在前方侦查，侦查可以安置蜂巢的树洞或墙洞。"
>
> "等它们回来后，用圈子越缩越小的舞蹈向休息的蜂群报告。在报告过程中，侦查员的舞蹈越夸张，说明它主张使用的地点越好。"
>
> "接着，一些头目蜜蜂就根据舞蹈的强烈程度去核查这几个备选地点，并以加入侦查员旋转舞蹈的方式表示同意。"
>
> "这就引导更多的跟风者前往占上风的候选地点视察，回来之后再加入看法一致的侦查员的舞蹈动作，来表达自己的选择。"

"除去侦查员，极少的蜜蜂会去探察多个地点。它们看到一条消息：'去那儿，那儿是个好地方。'去看过之后，便会回来舞蹈，说：'是的，真是个好地方。'"

"通过这种反复强调，大家都中意的地点便会吸引其他探访者，而众多探访者的聚集，则又会吸引更多探访者的加入。"

"渐渐地，一个大的蜂群舞会就会以滚雪球的方式形成，并成为舞曲终章的主宰。最大的蜂群则获胜。"

"这是由一个无数只白痴一样的蜜蜂组成的蜂群，其产生的效果却极为惊人。这是彻底的分布式管理。曲终谢幕，按照蜜蜂们的选择，蜂群夹带着蜂后伴随雷鸣般的嗡嗡声，朝着通过群选的目的地前进。"

"蜂后非常谦恭地跟着，如果她能思考，她可能会觉得自己只不过是个村姑。最初，她只不过是个普通幼体，然后由'保姆'以蜂王浆作为食物来喂养，这个过程使她从灰姑娘变成了蜂后。"

"是什么样的因缘要选择这个幼体作为女王呢？答案你们应该已经知晓了，那就是由蜂群以接近白痴的方式通过不断的选择而产生。"

我们可以看到，一个蜂群整体所体现出的智慧无疑要比单个蜜蜂高超得多。凯文·凯利先生把这种蜂群集体智慧的产生过程称之为"涌现"，而我又把这种涌现出的集体智慧称之为"群体意志"。

3. 品牌效应的定义

类比蜂群选择巢穴的集体行为，我们模拟想象另外一个场景：一群人来到一个陌生的城市上课，到了饭点，同学们陆续出去寻找饭店吃饭。有同学在微信群里发消息，说他找的这家饭店味道还可以，其地址在某某交叉路口；另外有同学发消息，说他找的这家饭店不行，大家不要来；还有同学发消息，说他找的这家饭店非常棒，大家快点来。后来，有同学陆续去考察并在群里公布信息，随着微信群里的信息都集中在其中一家反馈最好的饭店，后面的同学就不再做任何考察，选择直接加入。

如此看来，我们选择饭店的行为与蜂群选择巢穴的行为极其类似，拥有最多消费者的饭店就处于市场的领导地位，拥有品牌效应。我们可以得出结论，品牌效应是消费者群体选择的结果，只与消费者有关，与品牌所有者无关。

既然蜂群选择巢穴的行为表现出了惊人的群体意志，那么，我们是否也能把品牌效应看成是消费者群体意志的体现？因此，在这里，我尝试为品牌效应总结一个基本定义：品牌效应是由无数相互独立的消费者相互影响所涌现出的群体意志，不随品牌所有者意志的改变而改变。

四、消费者群体的特征

从这里开始，消费者群体成了研究主体。消费者的行为规律就是商业背后的基本规律，成功的经营者之所以成功，是因为在有意或无意间利用了消费的行为规律，引导消费者的行为，达到了赢得竞争的目的。消费者群体有四个特征：

1. 消费者数量

这个数量不是指所有商品消费者的数量，而是指某个具体品牌的消费者数量。这个数量在该品牌所处品类的消费者总量中所占的比例，可以看成该品牌市场份额的另一种表述。

品牌消费者的数量直接决定了其品牌效应的强弱。消费者数量越多则品牌效应越强，消费者数量越少则品牌效应越弱。当然，这里的强弱是相对于同品类其他品牌得出的结果，如宾利车的消费者数量很少，但是，相比于同品类的其他品牌，消费者数量则更多，那么它在该品类的品牌效应是强大的。

2. 消费者相互独立

在《失控》一书有关蜂群的描述中，强调了一点：在蜂群中，没有任何一只蜜蜂的行为受到其他蜜蜂的控制，它们的行为完全自主。在前面，我们描述的学生选择饭店的案例中，也没有任何一个人控制其他人做出选择。

关于独立性的阐述看似毫无必要，实则不然。在市场经济中，当某些领域产生癌变，形成垄断毒瘤的时候，消费者的独立性也就丧失了。独立性是形成群体意志的必要条件，只有个体之间相互独立，个体才能把意志灌输到群体的行为之中。

关于独立性，我们可以总结一个基本定义：独立性是指个体可以按照自身的意志操控自身的行为，而不受其他个体控制的一种状态。那么，这是否暗示着个体可以肆意妄为呢？显然不能，群体约定俗成的道德以及共同制定的规则是强大的群体意志，约束着个体的行为。

3. 消费者相互影响

个体因为趋利避害的本能做出各种各样的行为，进而与其他生命形成各种各样的影响，最后形成各种各样的群体与组织，存在相互影响是消费者群体存在的基本要素。

世界上存在各种各样的相互影响，如生态系统中的竞争、市场经济中的交易、人类群体中的各种情感交换，等等。对于消费者群体的研究来说，研究其中的相互影响是最核心的部分，在随后的文章中将着重阐述。

4. 消费者群体的去中心化

商业中存在两个基本方面，一是公司，二是消费者。这两者有着本质差异的架构，公司是拥有控制中心的组织，消费者是没有控制中心的系统。这两者的特征与差异在后文"复杂系统与商业系统"一章中将会着重阐述。

去中心化的基本描述是处处皆中心即处处无中心。在去中心化的群体中，个体通过某种相互影响的方式形成群体，并把个体意志灌输到群体中形成群体意志。在消费者群体中，每一个消费者都是群体的中心，也都不是群体的中心，每一个消费者同时接受来自其他所有个体的影响，相互叠加，意志难以撼动。

去中心化完美地解释了消费者的品牌忠诚度。以格力空调的消费者为例：当有人跟他说格力空调不好的时候，他会说既然不好，那为什么还有那么多人买呢？在他意识到有很多人购买格力空调的时候，他就已处于人群的中心，那么多人在同时告诉他格力是大品牌，格力没有问题。

五、消费者群体的建模

利用消费者群体的四个基本特征，我们可以给消费者群体建立一个简单的几何模型——区块球，如下所示：

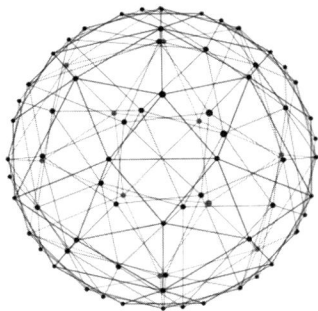

这是一个由无数的点相互连接而成的球面，这个球面有四个特征：

1. 点的数量

理论上，球面上可以有任意数量的点，满足消费者群体的第一个特征，即数量。

2. 点与点相互独立

球面上串联和并联混合布局，因此，点与点之间是相互独立的。这满足消费者群体的第二个特征，即消费者之间相互独立。

3. 点与点相互影响

球面上，任意一个点都与周围的点相互连接，与其他点间接连接，我们可以把这条连接线看成是两个点之间的相互影响。这满足消费者群体的第三个特征，即消费者之间相互影响。

4. 球面去中心化

我们可以看到，以球面上任意一个点为基准展开球面，它都处于整个球面的中心位置。也就是说，球面上处处都是中心，又都不是中心，即去中心化。它符合消费者群体的第四个特征——去中心化。

区块球是一个去中心化系统的基本建模，建立模型的根本目的是方便我们思考抽象的事物。去中心化系统的另外一个表述是复杂系统，这样的系统有很多，如生态系统、经济系统、文化系统，甚至以细胞为基本单元的大脑、人体都可以看成是一个个复杂系统。

第二章　品牌效应的形成

我们已经知道，品牌效应是消费者群体意志的表现。也就是说，任何一个品牌只要聚集了或多或少的消费者就有了一定的品牌效应。所以，与其问品牌效应是如何形成的，还不如问一个品牌的消费者群体是如何聚集起来的。但是，为了顺应人们普遍的惯性思维，本章节标题不做更改。

我们把消费者的聚集看成是一种行为，这种行为源自消费者趋利避害的本能。那么，这种行为到底在趋哪种利或者避哪种害呢？思考一二，我们可以得出结论，这其中分为两个层面。

第一个层面，为何是消费者，即我们为何被称之为消费者？顾名思义，消费者指潜在或正在做出消费行为的人。饥饿是有害的，趋利避害的本能促使我们消费食物；寒冷是有害的，趋利避害的本能促使我们消费衣物；无聊是有害的，趋利避害的本能促使我们消费游戏，等等。

第二个层面，消费者为何要聚集在某品牌下面，而不是同品类的其他品牌？在市场的风口期，也就是供不应求的时期，消费者的需求不能得到满足，这个时期的消费者选择有限，甚至没有选择的权利。

当行业不断增加产能直到市场饱和或过剩的时候，消费者就有了充分的选择权利。那么此时，是什么样的利或者害驱使着消费者作出选择，然后产生聚集呢？这个问题已经涉及整个商业规律的核心。

一、从众大循环的定义

品牌效应是由无数相互独立的消费者相互影响所涌现出的群体意志。消费者群体有四个基本特征，即数量、相互独立、相互影响以及去中心化。

这四个条件中的第一、第二、第四三个条件在市场经济的体制下没有研究意义，因为它们当中缺乏任一个都不是市场经济。那么，第三个条件"相互影响"是我们讨论的重点。只有知道了消费者之间是如何相互影响的，我们才能明白是什么影响了消费者的选择。

1. 消费者是无知的

首先，必须要强调一个概念，这里所说的"无知"不含有任何贬义色彩，而是对消费者信息缺失的一种描述。很多时候，我们不得不使用看上去带有贬义但恰如其分的词语，如理查德·道金斯所著的《自私的基因》一书中的"自私"同样不含贬义色彩，是对基因基本特性的一种描述。

在我们的生活中，时时刻刻都面临着各种选择，如选择去哪里吃饭、买什么样的衣服、去哪里旅行等，并且每一个选择都有许多产品可以同时满足。

没有人可以什么都知道，事实上，我们知道的少之又少。作为消费者，我们既不是所有商品的生产者，也不是所有服务的提供者，所以，在做出选择之前，我们不可能知道什么样的选择更好。

当然，不排除在某些特定的行业，如光刻机制造业，由于参与竞争的品牌以及产品极少，行业是透明的，消费者有可能是知道而不是无知的。当然不管在什么行业，当消费者的状态处于知道的时候，任何品牌规划都是徒劳的，因为，此时已经没有什么东西能够影响消费者的选择。

2. 由消费者的无知到其选择受他人影响

尽管在做出选择之前我们并不知道什么样的选择更好，但是，趋利避害的本能在驱使着我们想要获得更有利的选择，所以，我们就会去获取信息。我们会主动地问别人哪个选择更好，或者被动地看身边的人做的选择。

当我们知道答案后，我们就做出了选择。一个选项越是被更多人选择，就越会坚定我们的选择倾向。由此可见，无知导致了我们的选择受他人影响。例如，选择饭店。如果在众多饭店中，我们一家都没去过，我们就是无知的。那么，我们的选择会受此刻饭店消费者人数的影响，或者受大众点评等信息的影响。如果这些饭店，我们都去过了，那么，此时的我们就不是无知的，而是有知的，我们的选择不受任何人的影响。

3. 由消费者的选择受他人影响到产生从众大循环

当我们需要某个领域的商品时，看到身边大多数人都选择某个品牌，我们也会做出同样的选择，从而导致选择这个品牌的人更多了，继而引发更多的人做出这个选择，这就形成了一个强大的循环。

我把这个循环命名为从众大循环，它的定义是：对于一个价值，选择的人多了就会有更多人选，更多人选则选择的人更多，由此无限循环。其示意图如下：

二、从众大循环的三大特征

1. 在同一个价值领域，从众大循环能吸收所有的潜在客户

对于还没有做出选择的潜在客户，信息的缺失几乎是注定的，他们

会遵循其他人的选择做出选择。当一个品牌在所处品类中率先建立起从众大循环的时候，能快速地吸收所有的潜在消费者。

品牌信息的传播需要时间，很难做到在网罗所有的客户之前，没有任何一个竞争对手出现。在信息高度发达的今天，往往一个品牌的势头刚刚起来，就会出现无数的跟风者参与竞争。那么，在理想的单一变量条件下，市场的竞争会出现第二个特征所描述的情况。

2. 在同一个价值领域，从众大循环能吸收所有对手的客户

一个消费者在购买某品牌的产品并使用后，发现能够满足他的需求，那么他下一次购买时，有很大的可能性依旧选择该品牌。因为，对这个消费者来说，其他的选择有可能无法满足他的需求，这是一种风险，是有害的，趋利避害的本能驱使他再次做出同样的选择。

但是，这个消费者在此刻依旧处于一种无知的状态，他不知道还有没有其他的选择能更好地满足自己的需求。这个时候，如果他发现有更多人选择另外一个品牌，他会潜意识认为另外一个品牌有可能更好。趋利避害的本能将会驱使他的选择发生转移。至于在什么时候转移，取决于有多少人在影响他。

这里有一个选择发生转移的临界点，随消费者个人经历或所处环境的不同而不同。在理想的状态下，选择的转移是注定的。

在没有任何一个品牌率先占领整个市场之前，也许会存在多个品牌大小不一的从众大循环在不同的地域空间同时存在。那么，随着时间的推移注定会发生碰撞，形成大鱼吃小鱼的局面，最终只剩下唯一的从众大循环。

3. 从众大循环的吸引力会随着被吸纳的消费者数量的增多而增强

电商行业的经营者都有一个经验，那就是做一款产品的时候，往往前期的数据积累比较艰难，但是越到最后，数据的增加速度就越快。这其中的原因显而易见，对于信息缺失的消费者，越多人的选择就越能坚定他的消费信心，这种信心是对产品品质的信心。

在旁氏骗局中存在同样的情况。一个资金盘最初的受骗群体往往最难以积累，但是随着一个个受骗者得到了切实的利益，就会形成良好的口碑传播，越到最后，吸收的受骗者数量越呈几何倍数增长。也许很多人心中存在各种疑问、顾虑，但是，看到越来越多的人得到真实的利益后，就丧失了最后的理智。

三、从众大循环的排他性

在生活中普遍存在一种现象，当发现身边的人在某个行业取得成功后，我们也投入资金做同样的事，但是结局往往是失败的。我们总是不解，做同样的事情，同样的品质，为什么别人能赚到钱，而我们却赚不到。

这确实是一个灵魂拷问，有时候失败不可怕，可怕的是，我们弄不清失败的症结所在。别人做某行业非常成功，就代表其品牌已经有了品牌效应，在其品牌价值上有一个强大的从众大循环。

从众大循环有三个基本特性。一是它能吸收所有的潜在客户，在我们设定的情形下，对手已经吸收了绝大部分潜在客户，并且还在不停地吸收剩余的潜在客户，这个时候留给我们的潜在客户少之又少。二是它能吸收所有对手的客户，那么，对于我们来说，好不容易招揽的客户最终都会被吸引过去。三是它的吸引力会随着吸纳的客户越多而不断增强，此时，从众大循环的吸引力足以令对手绝望。

从众大循环的三大特性引发了排他性，排斥一切价值接近的对手。从众大循环越强，则排他性越强，到最后，足以形成绞杀的局面，也就导致了为什么别人能赚到钱而我们赚不到的情况。

放眼整个市场经济，任何同品类品牌、同价值领域在经历一番激烈的厮杀过后，只会剩下唯一的赢家，这一切都可归功于从众大循环排他性的光荣战果。

在这里，必须要强调是同一价值领域。在现实中，同品类商品里能够同时存在多个品牌，要归功于在价值上的细微区分。如可口可乐和百事可乐，尽管两者处于同一个品类并且价值十分接近，但是，依然存在价值上的区别，前者是老一辈的正宗可乐，而后者是年轻一代的潮流可乐。

四、品牌效应的形成

从众大循环在同一价值领域能够吸收所有的潜在客户和对手客户，

且吸引力越来越强，最终将导致消费者聚集在同一个品牌之下，形成强大的品牌效应。

当一个品牌占据行业的领导地位后，强大的从众大循环足以使后来者心生畏惧，对于是否投资该品类产生巨大的心理压力。品牌效应是一个品牌的核心价值，是最强大的防御堡垒。

面对这样的防御堡垒，强力进攻的收效注定微乎其微。在艾·里斯、杰克·特劳特所著的《定位》一书中就描述过许多相关的案例，其中最著名的案例之一是施乐打印机进攻电脑行业，在亏损数十亿美元之后终于选择放弃。

当然，施乐的案例要复杂一点，不是一个单纯的新品牌进攻成熟的行业，因为施乐本身也是一个大品牌。施乐是打印机品牌，那么，它的品牌效应是建立在打印机这个价值之上的。而品牌效应是消费者群体意志的表现，施乐要想在电脑行业上取得建树，首先，要突破自身品牌效应的桎梏，让更多的消费者认为它是电脑也是打印机，这本身就是一件难于登天的事。所以，如果施乐采用新的品牌来进攻电脑行业，虽然结果依旧悲观，但也不至于一败涂地。

从众大循环排斥所有价值接近的对手，价值越是接近，排斥得越厉害，所以强力进攻并不可取。那么，如何避开对手的价值就是最重要的考量因素。避开对手价值的另一种说法就是创造新的价值，创新应该成为所有经营者最应考虑的问题。

第三章　品牌规划之无中生有

一、全新的领域

还有什么比发现一个全新的领域更加让人欢欣鼓舞的？没有。一个全新的领域意味着我们的价值不与任何已经存在的品牌接近，因此不会受到任何的排斥。

一个全新的领域意味着，我们有了无与伦比的先发优势，我们有机会迅猛地建立起从众大循环，形成品牌效应，建立起强大的行业壁垒。

那些闻名世界的品牌，绝大多数都是率先开辟了一个全新的领域，随后统治了该领域几十年甚至上百年。他们改变了我们的生活方式，也改变了世界。

"1886 年 5 月的一天，美国佐治亚州的药剂师彭伯顿想要发明一种让很多需要补充营养的人喜欢喝的饮料。在前一年，聪明的药剂师就已经发明了一种深色的糖浆饮料，他把它称之为法国酒可乐。但是很快政府就颁布了禁酒令，于是，他将这款饮料的酒精成分去除掉做成了无酒精的法国酒可乐。"

"那天，彭伯顿正在调试饮料，发现这种饮料具备提神、镇静以及减轻头痛的作用。这可是个好东西，于是，他将这种液体加入了糖浆、水、冰块，他尝了尝，发现味道好极了。"

"恰好在调试第二杯的时候，他的助手一不小心加入了苏打水，这回味道更好了。他的合伙人罗宾逊从糖浆的两种成分——古柯的叶子和可拉的果实中找到灵感，把这款饮料取名为 Coca-Cola，于是可口可乐就这样诞生了。"

"1888 年，阿萨·坎德勒发现了这款神奇的饮料，并认为它有很大的市场前景，于是，购买了可口可乐的股份并掌握了全部的生产销售权。坎德勒开始把制造的饮料原液销售给其他药店，同时，也开始在火车站、城镇广场的广告牌上做广告。1901 年，其广告预算就达到了惊人的 10 万美元。"

"而真正使可口可乐大展拳脚的，是两位美国律师。他们到当时可口可乐公司的老板阿萨·坎德勒的办公室，提出了一个创新的商业合作方式，就是由可口可乐公司售给他们糖浆，他们自己投资生产的公司及售卖点，将糖浆兑水、装瓶、出售，按可口可乐公司的要求生产并保证品质。坎德勒在 1899 年以 1 美元的价格售出这种饮料的第一个装配特别许可经营权。"

> "可口可乐公司允许他们利用可口可乐的商标做广告，以及使用这个特别的瓶装系统，从此，可口可乐工厂遍地开花。坎德勒于 1886 年成立了可口可乐公司，他被称为'可口可乐之父'。"
>
> 引用来源：百度百科

科学是"无中生有"的第一推动力。

1976 年，史蒂夫·乔布斯、史蒂夫·沃兹尼亚克和罗·韦恩三人创立了苹果电脑公司，同年，推出首款产品 Apple I，售价 500 美元，最终生产了 200 台。毫无疑问，这部电脑在今天看上去就像是复古打字机，丝毫看不到精湛的工业设计等苹果元素。不过，它是传奇的开始。

1879 年，一名叫卡尔·本茨的德国工程师成功制造了一台二冲程试验性发动机，自此成为世界汽车工业的先驱者之一。他还是德国奔驰汽车公司的创始人，被称为"汽车鼻祖"。100 多年后的今天，奔驰依旧举世闻名，拥有强大的品牌效应。

1983 年，摩托罗拉经过近十年的研发，发明了世界上第一台移动电话，重达 2 磅。此后，手机的"瘦身"越来越迅速，1996 年，出现了体积为 100 立方厘米，重量为 100 克的手机。在这之后，手机又进一步小型化、轻型化。

2015 年 12 月 21 日，特斯拉公司创始人埃隆·马斯克创办的 SpaceX 发射的"猎鹰 9"火箭，在佛罗里达州达成第一节火箭软着陆目标，实现了人类从太空垂直回收火箭的愿望。可回收火箭大大降低了太空探索的成本，拥有巨大的商业价值。

二、拿来的新领域

　　创造全新的领域确实能给公司带来丰硕的成果，但这需要运气或者强大的创新实力。在现实中，这对于无数的普通企业来说，实在是一件可遇不可求的事。但是，我们不能坐以待毙，在自身创新能力不足的时候，拿来主义是一条确实可行的道路。

　　"经历了 2001 年收视低谷的湖南卫视，面临着一批明星娱乐类节目的停滞不前和因同质化竞争造成的方向迷失。在此情况下，2003 年，湖南电视台娱乐频道在湖南本土'试水'式地推出《超级男声》，在此基础上又推出了《超级女声》。"

　　"2004 年 5 月，《超级女声》正式登上湖南卫视，通过与当地电视台合作的方式分别在长沙、武汉、南京、成都四个城市举办了这档节目。2005 年 3 月起，《超级女声》又在广州、长沙、郑州、成都、杭州等五个城市相继推出，受到各地电视观众的欢迎和追捧。"

　　"只要是喜爱唱歌的女性，不分唱法，不计年龄，不论外形，不分地域，均可报名参加《超级女声》选秀。2004 年的《超级女声》被国内新锐杂志《新周刊》评为'年度创意 TV 秀'。进入决赛后，每场短信互动参与人数超过 100 万，观众总投票数高达 400 万，网上的评论和跟帖更是不计其数。"

　　"2005 年，《超级女声》五大唱区总共吸引 15 万人参加。初步估计，在全国范围内收看 5 场总决赛的观众总数达 1.95 亿。其中，总决赛 6 进 5 的直播收视份额更是高达 19.45%，同时段排全国所有卫视节目第

一名。《超级女声》一举成为中国电视观众周末晚间的一场声势浩大的
狂欢盛宴。"

　　"在广告营销方面，国内知名企业蒙牛乳业集团出资近 3000 万元冠
名《超级女声》，并为其推出新产品蒙牛酸酸乳，在其他媒体总共投入
1 亿多元广告费。《超级女声》也借助企业的推广和网络营销进一步提升
品牌。蒙牛与《超级女声》的结合所产生的整合传播效果被业界称为国
内广告营销的经典案例。"[①]

　　只要谈起成功的商业策划，就一定离不开上海天娱公司策划的《超
级女声》节目。天娱公司仅靠这一档节目，便迅速脱胎换骨，跻身财富
之林，其成长速度令人目瞪口呆。但是，天娱公司的这场商业策划没有
花一分钱，因为，它本质上是拿来的全新领域，直接"拷贝"自美国的
娱乐节目《美国偶像》。

　　拿来主义在互联网领域尤其常见，其原因在于中国互联网起步较晚，
兴起也就近 20 年的样子。得益于互联网行业较低的技术门槛，我们走在
别人走过的成功之路上，一路突飞猛进，并且隐约有后来者居上的趋势。

　　百度最初的发展模式就是模仿谷歌，提供网站搜索和竞价排名服务。
腾讯 QQ 作为通信软件也可以说是中国版的 ICQ，主打即时通信，发送文
字、图片、语音等功能。

　　淘宝可以称得上是 Ebay 的中国应用版，为用户提供线上买卖商品服
务的购物网站，其旗下的支付宝，主打电子支付功能，正是模仿 PayPal

---

① 叶伟民，段羡菊. 新华网《超级女声》以快乐的方式冲击中国娱乐电视[EB/OL].https://www.
mgtv.com/news/performance/2005827173231.htm,2005-8-27.

而生。

微博与 Twitter 的功能相仿，推广模式也相仿，都是帮助用户"随时分享身边发生的事情"。人人网的商业模式照搬 Facebook，因与教育网易混淆而改名，后来被成功收购。

而滴滴出行更是翻版 Uber，为汽车领域带来共享经济的商业模式。有道云笔记模仿的是中文名叫"印象笔记"的 Evernote，其用户数量更为广泛。

三、新领域的陷阱

"2014 年，ofo 成立，初期仅在北大校园内供学生使用，而后迅速蹿红，扫码、无桩、电子锁等设计引爆媒体社交平台，共享单车在街头巷尾被热议。第一个吃螃蟹的人也牢牢占据着日后的行业榜单。"

"据统计，截至 2015 年 10 月底，ofo 单车投放数量仅 2 万辆。2017 年，这一数字达到了 2300 万辆，所有品牌投入单车总数更是达到了惊人的 5000 万辆。"

"随后，硬件成本烧钱、运营成本过高、价格战下微薄的收入等原因，渐渐让单车企业捉襟见肘。对于'互联网单车企业''共享经济'等概念失去了新鲜感的用户也渐渐失去了骑行的动力。执着于造车占领市场、忽视打造硬件的企业，没能给用户提供更舒适的乘车体验。在这种恶性循环下，共享单车逐渐成为用户和投资方眼中的'鸡肋'。"

"2016 年，融资额排名第三的小鸣单车，在 2018 年 3 月宣告破产，成为首个破产的共享单车品牌。继小鸣单车之后，酷奇单车、悟空单车等企业也因类似的原因相继停运、倒闭。2018 年 2 月，交通运输部副部长刘小明透露，全国 77 家共享单车企业中有 20 余家倒闭或停止运营。"

"如今，连头部市场的 ofo 也不能幸免。12 月下旬开始，ofo 深陷退押金大潮，戴威更是发布了致 ofo 的全员信，表示将对欠用户的'每一分钱负责'。"①

共享单车是一个全新的创新领域，有需求，有资本，有众多创业者的加入，却依旧没有逃过失败的命运。不得不说，创新是一件高风险的事。

在我们身边，通过创新创造而取得成功的例子比比皆是，这使我们产生一种错觉，认为创新是一件十分容易的事，殊不知，在成功的另一面，无数失败的案例已堆积成山。我们认为创新容易，其实，是幸存者偏差在起作用。

本人从事食品行业，从业十数年来，成功产品占所有开发产品的比重不足十分之一。我认为创新是必须的，但是也要考虑到其中的风险。大部分企业其实并没有雄厚的资金实力，在创新的同时，切忌过于自信、过度冒进，这往往会带来严重的资金损失。

我的经验是，以最小的资金代价做小范围的尝试，在达到市场验证效果的同时能省则省，减少不必要的过度设计、过度包装，减少不必要的人员投入。原则是能用就行，其他一切从简。

---

① 马炯慧.共享单车兴衰史：爆发期20多家企业共存 如今寥寥无几[EB/OL].https://www.sohu.com/a/284118223_100117963, 2018-12-24.

第四章　品牌规划之关联借势

一、关联借势经典案例赏析

　　"奥巴马上任后不久就离开芝加哥老家，偕妻子米歇尔和两个女儿入住白宫。面对多家媒体的采访，奥巴马深情地表示，他非常喜欢位于芝加哥海德公园的老房子，等任期满了之后，他还会带着家人回去居住。这个消息可让比尔高兴坏了，因为他是奥巴马的老邻居。"

　　"几年前，比尔曾经和人打赌，他信誓旦旦地说到了 2010 年，自己一定会成为百万富翁。眼看期限只剩一年了，他的目标还远未实现。现在，机会终于来了。他的房子将因奥巴马而增值百倍，能和全世界最著名的人物之一——美国总统奥巴马做邻居，这是多么难得的事情！因此，他满怀希望地将自己的房子交给中介公司出售。"

"为了推销自己的房子，比尔还特意建了一个网站，全方位介绍他的住宅：这幢豪宅拥有 17 个房间，近 600 平方米，非常实用舒适。更重要的是，奥巴马曾经多次来此做客，还在他家的壁炉前拍过一个竞选广告。这是一栋已经被载入史册的房子！比尔相信，有了这些卖点，他的房子一定能卖出 300 万美元以上的高价。"

"不出所料，这个网站很快就有几十万人点击浏览。然而，让比尔大跌眼镜的是，关注房子的人虽多，但没有一个人愿意购买。到底是什么原因让买家们望而却步呢？"

"为了弄明白究竟是怎么回事，比尔仔细地查看了网站上的留言。原来，大家担心买了他的房子之后，就会生活在严密的监控之下。是呀，奥巴马和他的妻女虽然都去了白宫，但这里依然有多名特工在保护奥巴马的其他家人，附近的公共场合也都被密集的摄像头所覆盖。只要出了家门，隐私权就很难得到保护。"

"更要命的是，等奥巴马届满回来之后，各路记者肯定会蜂拥而至。那时，邻居们的生活必将受到更严重的干扰。到那时，每天出入这里，恐怕都将受到保安和特工像对待犯人那样的检查和盘问。这样的居住环境，跟在监狱又有什么区别呢？就连朋友们，估计也会因为怕麻烦而不敢上门了。"

"就这样，过了一年多，房子依然没卖出去。比尔非常心焦，他此前向家人承诺过，房子卖出后就全家一起去度假，但一直到现在还不能兑现诺言，他和朋友打的赌也眼看就要输了。正在这时，一个叫丹尼尔的年轻人找到了他。丹尼尔告诉比尔想买房的原因，他和奥巴马一样，都有黑人血统，奥巴马是他的偶像，不过，他还从未和奥巴马握过手。

如果他买下这里，就有机会见到总统了。"

"房子终于有买主了，比尔激动得差点掉泪。虽然丹尼尔非常愿意买比尔的房子，但问题是，他支付不起太多的钱。比尔好不容易遇到一个买主，当然不愿轻易放过，他做出了很大的让步。最后，两人签下了如下协议：丹尼尔首付 30 万美元，然后每月再付 30 万，5 个月内共付清 140 万美元。房子则在首付款付清后，归丹尼尔所有。"

"比尔很高兴，虽然房子的最终售价远远低于当初他期望的 300 万，但 20 多年前，他买下此房时，只花了几万美元，因此还是赚了。何况，上了年纪的他早就想落叶归根，搬回乡下的农庄了。"

"拿到首付款后，比尔给丹尼尔留下了自己的账号，然后带着家人出去旅游了。出发那天，他得知丹尼尔将房子抵押给银行，贷了一笔款。等半个多月后回来，比尔发现丹尼尔竟将这栋豪宅改造成了幼儿园！"

"当房子的用途从居住改为经营幼儿园之后，那些过于严密的监控就显得很有必要。这个毗邻奥巴马老宅的幼儿园，成了全美最安全的幼儿园，不少富豪都愿意把孩子送到这里来。"

"为了给幼儿园做推广，丹尼尔还联系到了不少名人来给园里的孩子们上课。这些名人中有不少黑人明星，他们为奥巴马感到骄傲，也为能在奥巴马居所隔壁的幼儿园讲课而激动，再加上这里是记者们时刻关注的地方，来这里与孩子们交流，自然能增加曝光率，因此，名人们都很乐意接受丹尼尔的邀请。"

"第一个月，丹尼尔用收到的首期学费轻松地支付了比尔 30 万美元。幼儿园开张两个月后，奥巴马抽空回老家转了一圈，顺便看望了一下他的新邻居们，这一下，丹尼尔幼儿园更加有名。越来越多的名人主动表示愿意无偿来与孩子们交流。更有很多家长打电话，想让自己的孩子来此受教育，为此多付几倍的学费他们也乐意。"

"很多广告商也开始争先恐后地联系丹尼尔，他们想在幼儿园的外墙上做广告，因为这里的曝光率实在太高了，不做广告太可惜了。为此，丹尼尔打算进行一次拍卖广告墙的活动。想来参加竞标的品牌很多，但像烟、零食、酒这样的广告，无论出多少钱，丹尼尔都不允许他们参加竞标。"

"5个月后，比尔就收齐了140万美元的房款，终于在2010年年末如愿以偿地成了百万富翁。不过，比尔明白，这场交易中，最大的赢家并不是自己，而是奥巴马的新邻居——幼儿园园长丹尼尔。"①

这是一则经典的关联借势案例，奥巴马邻居的房子因奥巴马成为美国总统而身价倍增。其他经典案例还有王老吉与加多宝、奔驰与宝马，等等。

二、关联借势的原理

我们已经知道品牌效应是从众大循环的结果。从众大循环的定义是对于一个价值，选择的人多了就会有更多人选，更多人选了则选择的人更多，由此无限循环。

---

① 徐1一.奥巴马邻居的故事[EB/OL].https://www.jianshu.com/p/88d9000ae69b,2017-03-10.

从众大循环的三大特性，在同一价值领域，能吸收所有的潜在客户、对手的客户，吸引力越来越强，使得从众大循环具备强烈的排他性，排斥所有价值接近的品牌，价值越是接近则排斥得越厉害。

但是，无论从众大循环的排他性有多么强烈，始终是针对其他品牌的，我们可以毫不犹豫地下结论：它不排斥自己。就好像人体的免疫细胞能抵抗所有外来病毒、细菌的入侵，能清理人体自身的变异细胞，但是却对与它融为一体的 HIV 病毒毫无办法，因为它做不到攻击自己。

品牌效应是一个品牌的势。因此，只要我们能够采取某种方法，使品牌的价值与目标对象的价值实现关联，在某种程度上与之融为一体，那么，我们不仅不会受到对手的从众大循环的排斥，反而能借势一飞冲天，这就是关联借势的原理。

商业领域最经典的关联借势案例莫过于宝马的背水一战。在梅赛德斯奔驰以宽大、舒适、尊贵闻名世界的时候，宝马公司曾一度到了濒临破产的边缘。在宝马公司以操控性作为价值定位，提出"坐奔驰开宝马"的广告语之后，如附骨之疽紧紧缠住如日中天的奔驰，实现翻盘逆转，如今成为不输于奔驰的豪华车品牌。

三、关联借势的方法

1. 基本原则不可违

关联借势的对象一定是品类第一，否则关联毫无意义。关联借势的根本是借对手品牌效应的势，没有强大的品牌效应则没有势，也就借不到势。

由于对手已经具备强大的品牌效应，此时其从众大循环的排斥性处于巅峰状态，强烈排斥价值接近的对手，所以，避开对手的价值是不可违背的第一原则。

现实中当然有一些看似没有避开对手价值的关联借势，如"南湘雅北协和"，可以看出两家医院是关联在一起的，并且两家医院的价值接近，看似没有避开，实则避开得最为彻底。两家医院分别处于中国的南北方，地域的不同使得两家医院的从众大循环根本没有碰撞的机会。再看南方或北方皆没有其他医院的声望能与之媲美，这是从众大循环的排他性发挥到淋漓尽致的表现。

流通类产品因其特性基本不受地域的限制，在同品类中也存在看似价值接近，实则在价格、包装形式、净含量等方面或多或少存在价值差异的对手，其中，以价格差异最为明显。例如，可比克薯片的价格就要比乐事低得多，我们不能把它们看成是处于同一价值领域的品牌。

2. 寻找对手的弱点很重要

关联借势的方式有很多，大体上，可以分为温和和激烈两种。这两种关联方式的手段有着根本的区别。

非直接商业目的的关联大部分都比较温和，如与名人合影、与更有名望的人婚恋，等等。这其中比较著名的案例是明星李晨与范冰冰之间的恋爱事件，李晨通过与范冰冰的恋爱关系变得家喻户晓。甚至当我们谈论李晨的时候，第一印象不是他的演员身份，而是他是范冰冰的男友。

直接商业目的的关联则大部分非常激烈。因为商场如战场，在现今竞争激烈的市场环境下，企业的第一目的是打败对手，绝不会善意地帮助对手造势。当然，除了那对"好兄弟"玩出了另类的感觉。

2016 年 3 月 7 日是宝马 100 周年的日子，"老兄弟"奔驰在脸书和推特上发了一张海报，祝福宝马 100 周年。有意思的是，海报底下有这样一排小字："感谢 100 年来的竞争，没有你的 30 年，我其实很孤独。"

这样的主动关联看似善意，其实，一来表明奔驰的历史比宝马更悠久，二来制造舆论话题，提升知名度。这样的做法尽管也帮助了宝马，但更重要的是打击了其他车企。所以，奥迪表示很受伤，紧接着发布了更幽默的海报。

加多宝从没有一丝一毫的知名度到迅速成为能够比肩王老吉的一线凉茶品牌，其原因是采用了非常激烈的关联手段——打官司。从商标之争、包装之争到广告之争，加多宝进行了耗时漫长的官司诉讼，制造了无数的舆论焦点。

现实中，通过官司诉讼实现关联借势的机会少之又少，更常规的方法是寻找对手价值中无法避开的弱点，然后，将此弱点反转过来，变成自己强有力的价值。例如，奔驰车的价值是尊贵大气，而尊贵大气无法避开的弱点是不好驾驭。于是，宝马把自己的价值定义为驾驭，提出"坐奔驰开宝马"的广告语，实现关联借势，意思是奔驰车驾驭性能差，宝马才是此道行家。

寻找对手的弱点很重要，因为我们需要一个借口向对手发起挑战，挑战可以是激烈关联借势的另一种说法。如果没有这个借口，就名不正言不顺，在消费者心里就不会有好的效果。并且，我们寻找的弱点一定要是对手无法改变的弱点，否则对手将很快修正。奔驰不可能因为被宝马指出不好驾驭的缺点，而放弃尊贵大气的价值。

寻找对手强势中无法避免的弱点，实则是对立统一的辩证法思维，即强势与弱势往往集中在同一个事物上，强弱的表现往往在于看待的角度。例如，奔驰车的宽大，以乘坐者的角度看是优势——舒适，以驾驶者的角度看就是劣势——不好驾驭。

中国的古老思维模型很好地解释了辩证法的深刻。大圆圈代表一个统一的事物，阴阳两鱼代表对立的两面或者非对立的多面，相互环绕代表在不同的环境下对立的两面或多面可相互转化。

例如，中国有一种兵器叫长枪。我们把它的长度特征看成是一个统一的整体，进行分析：在离敌人比较远的时候，长就是优点，可以率先伤害到敌人，但是，在距离比较近的时候，长就是缺点，因为长了则不灵活。

3. 关联借势的载体很重要

我们要让消费者知道，我们关联的对象和理由，否则一切努力都等于零。绝大部分情况下，可以依靠广告语达成。"坐奔驰开宝马"是广告语，"南湘雅北协和"同样可以看成是广告语。

广告语是传播品牌信息的载体，既然是信息的传播就要遵循简单的原则，信息越简单则传播的效率越高。

在广告语中要体现两个要素，一是关联的对象是谁，二是关联的理由是什么。

七喜的经典广告语"不含咖啡因的非可乐"，关联的对象是可乐这个品类，关联的理由是可乐含有咖啡因，而七喜不含，暗示七喜是可乐最好的代替品。

由于《广告法》的限制，现在的广告已经基本不被允许直接提及对手的名字，这就为关联借势带来了些许难度。但是，我们依旧能巧妙地利用对手的某些能使消费者直接联想到该品牌的特征来实现关联。

青花郎的广告语很好地诠释了这一点："青花郎，中国两大酱香白酒之一。"我们所有人都知道中国第一大酱香白酒是茅台酒，所以青花郎关联的是茅台酒。茅台酒很贵，贵代表奢华，是优点，这是绝大部分人购买茅台酒的原因；但贵本身也是缺点，因为并不是所有人都能买得起茅台酒。所以，这句广告语实际上同样告诉了我们关联的理由，即青花郎酒是比茅台酒更便宜的酱香酒。

百事曾选择针对可口可乐6.5盎司的包装，推出更大的包装，并提出广告语："一分钱能买两份货，百事是你更好的选择。"消费者很容易想到，一分钱只能买一份货的是可口可乐，既然百事可乐一分钱能买两份货，我们何乐而不为呢？于是，百事可乐的销量开始稳步上升。

百事可乐的这一手关联借势虽然取得了不错的效果，但持续的时间并不长。因为分量少并不是对手不能改变的缺点，可口可乐更换了价值40亿美元的玻璃瓶生产线，也推出了PET大包装可乐。此时，百事可乐的优势已不复存在。

第五章　品牌规划之专业化

一、专业化经典案例赏析

"2008 年，还在上海交通大学机械与动力工程学院读硕士一年级的张旭豪认为，只要自己做的东西被市场认可，个体就是有价值的。一天晚上，他和室友一边打游戏一边聊天，突然感到饿了，打电话到餐馆叫外卖，要么打不通，要么不送。"

"创业就这样从不起眼的送外卖服务开始了。张旭豪和康嘉等同学一起，将交大闵行校区附近的餐馆信息搜罗齐备，印成一本名为'饿了么'的外送广告小册子在校园分发，然后在宿舍接听订餐电话。接到订单后，他们先到餐馆取快餐，再送给顾客。这一模式完全依靠体力维持业务运转，没有太大的扩张余地。唯一的好处是现金流充沛，餐费由他们代收，餐馆一周结一次款。"

"只有互联网能够大规模复制并且边际成本递减。2008 年 9 月，饿了么团队开始研发订餐网络平台，张旭豪先通过校园 BBS 招来软件学院的同学加入。用了半年时间左右，他们开发出了首个订餐网络平台。在网址注册上，他们用'ele.me'（'饿了么'的汉语拼音），网站订餐可按需实现个性化功能，比如顾客输入所在地址，平台便自动测算周边饭店的地理信息及外送范围，并给出饭店列表和可选菜单。"

"网络订餐系统初运营时，已有 30 家加盟店支持，日订单量达 500 ～ 600 单。可那段时间，张旭豪和康嘉却因为过于奔忙劳碌而'后院起火'：先是窃贼光顾宿舍将电脑等财物一掠而空；接着，一位送餐员工在送外卖途中出车祸；随后，又有一辆配送外卖的电动车被偷……"

五轮融资：目标直指市值千亿美元，饿了么自 2008 年上线，至今已获得五轮融资：

"2011 年，完成数百万美元的 A 轮融资，投资方为金沙江创投。"

"2013 年 1 月，B 轮融资，投资方为金沙江创投经纬中国，融资规模为数百万美元。"

"2013 年 11 月，C 轮融资，红杉中国领投 2500 万美元。"

"2014 年，D 轮 8000 万美元融资，大众点评领投。"

"2014 年 12 月，E 轮融资，融资金额 3.5 亿美元，投资方为中信产业基金、腾讯、京东、大众点评及红杉资本。"

"张旭豪表示，五轮融资总计金额 5 亿美元左右。"

"目前主动权仍掌握在饿了么手中，下一步的目标是成为市值一千亿美元的公司，并不排除其 IPO 的可能。"

"2018年4月，阿里巴巴联合蚂蚁金服对饿了么完成全资收购，饿了么全面汇入阿里巴巴推进的新零售战略，拓展本地生活服务新零售的全新升级。2018年8月8日，饿了么获金运奖年度最佳效果运营奖。"①

10年时间，饿了么成长为能与美团并肩的互联网巨头，其根本原因是专业化。美团的价值是外卖，饿了么的价值则是餐饮外卖。同样，通过专业化取得成功的著名案例是格力空调，它只比对手海尔电器更专业了一点，就形成了强大的竞争能力。

二、专业化的原理及方法

在我们将要进入的行业已经存在领导品牌的情况下，避开对手的价值是第一考虑。在大部分时候，我们并没有合适的契机实行关联借势，如绿箭口香糖的价值是口气清新，我们很难在其中找到弱点。

这个时候，我们要考虑能不能比对手更专业。消费者能够区分更专业的价值，如美的是小家电品牌，九阳是豆浆机品牌，这种价值上的区分简单明了，所以，能最大限度地降低对手从众大循环排他性的影响。

并且，消费者的购买目的在有意或无意中都是十分清晰的，更专业化的品牌能够更直接地与消费者的购买目的对接。例如，我们需要买一

---

① CN职场指南网.饿了么总裁张旭豪的创业故事[EB/OL].http://www.cnrencai.com/goldjob/story/730106.html,2017-05-26.

台空调，而此时格力的价值是空调，海尔的价值是电器，那么，显而易见格力在价值定位上更具备优势。

当然，从根本上说，专业化更具竞争力的原理是信息简化带来的传播优势。出于趋利避害的本能，我们的大脑青睐更简单的信息。

从信息复杂的层面上说，专业化能带来几何倍数的信息简化。信息是分层次的，每增加一层，信息含量呈几何倍数增长。

我们拿电器这个信息做分层处理：第一层是电器；第二层可分为家用电器、办公用电器、工业用电器等；第三层继续拆分，又可把家用电器分为大家电、小家电等；第四层、第五层等依此类推。

如果消费者要买一台空调，对于海尔电器这样的品牌，最少要深入两层以上，从众多信息里面挑选一个最终需要的信息，相比选择格力空调来说，这是一个极其复杂的过程。

消费者的需求从来都是具体的，没有人要买"随便"，也没有人要买电器，没有人要买食品，也没有人要买衣服，他们的需求肯定具体到某一层信息中的某一个。

专业化的方法是从领导者的价值领域中细分出一个信息层数更少的价值领域，然后，在此价值上建立起从众大循环，形成品牌效应，利用从众大循环的排他性，最终牢牢占据此价值定位。

三、关于专业化的三个问题

1."我比我的对手更专业，为什么我却没有赢？"

更专业确实能带来更强的竞争力，但是，更强的竞争力不代表一定能赢得竞争。在非理想状态下，影响企业能否胜出的因素除了品牌规划外，还有产品品质、时间先后、地域差异、对市场的资金投入，等等。

在双方同时起步的情况下，对市场的资金投入就好比一场战役的枪支弹药，战役的地点为消费者的大脑。充裕的资金完全能够弥补非专业产品带来的劣势。

在市场领导者已经存在的情况下，尽管专业化能远离对手的价值，但或多或少还是受到对手从众大循环排他性的影响。如海尔电器的价值并不专业，但它的广告宣传中依然会出现各种专业的产品，来提醒消费者它的产品有哪些。

更复杂的信息确实会增加传播的难度，但不代表不能转播。只要有充足的资金，它们甚至能让消费者知晓每一款产品的使用说明书。

究其原因，很可能是参与竞争的级数不够。更聪明的方法是，把有限的资金集中在局部的市场上，在局部达到对手的级数，此时专业化的威力才能显现出来。

2."我很专业，又跟对手处于同一个级数，为什么我还是不能赢？"

很多时候，只是企业自认为很专业而已，但消费者并不这么认为。

经营者思考问题应当从消费者的角度出发，从消费者的视角来审视品牌是否专业。

就好比有一个叫卡耐基的演说培训公司。尽管他们是专业做演说培训的，但是，消费者认为卡耐基是成功学，演说最多只能算是成功学的一个分支，跟它的对手飞扬演说相比，就显得十分不专业了。

我还见过一个国企饲料企业，它的前身是中国纺织企业。这家纺织企业宣布破产后改做饲料，但是，它的品牌名字却沿用了纺织品牌，叫中纺饲料。饲料行业出于运输费用的考虑，一般是本土企业供应本土市场。那么在本地人看来，"中纺"这个名字对于做饲料就显得十分不专业了，所以，很多时候品牌的名字就决定了一个企业的成败。

3. "很多品牌明明并不专业，为什么还是卖得好？"

还是那个问题，一个品牌是否专业并不是个人角度的感观，而是消费者群体角度的感观。

作为研究者，我时常把焦点聚集在某些品牌上面，发现这些品牌的产品有很多都十分不专业，如九阳生产的电器中除去豆浆机还有电饭煲、微波炉等。但是，消费者则普遍认为九阳是豆浆机品牌，很难把九阳与其他电器联系起来。

所以，九阳从细处看确实不专业，但是，从消费者群体的角度"乍一看"却十分专业。其原因在于品牌效应是消费者群体意志的表现，不随品牌所有者意志的转移而转移。也许，九阳的品牌所有者希望，消费者想到九阳就能联想到所有电器，但这是一件几乎不可能的事。

第六章　品牌规划之重新划分市场

一、重新划分市场经典案例赏析

"2005 年，Stride 炫迈在美国诞生，凭借其超炫、超酷的'S'形品牌标志与'美味持久'的咀嚼体验，迅速在全球年轻人中掀起一股潮流风暴。在美国，百位年轻人在网络上散播超乎想象、创意瞬间的自制视频，投身到 Stride 炫迈'持久离谱挑战'的体验中。"

"2010 年，凭借《极道鲜师》中极其夸张的表演而跻身日本偶像巨星行列的成宫宽贵，推出了 Stride 炫迈与猿人共同进化的搞怪短片，迅速抓住日本广大年轻炫酷一族的眼球。"

"2012 年 9 月 9 日，Stride 炫迈无糖口香糖正式登陆中国，邀请了超人气新偶像柯震东担任品牌代言人。同时还发起了'Stride 炫迈持久日'，网络收集'10 亿咀嚼分钟'等炫酷活动。9 月 9 日，在上海时尚地标红坊发起'Stride 炫迈持久日'，现场数百位 18～24 岁的年轻人亲身体验 Stride 炫迈'美味持久，久到离谱'的极致口感与乐趣。"

"2013 年，为了让 Stride 炫迈口香糖接近更多中国年轻人，鼓励他们持续挑战自己，炫迈在全球首次冠名娱乐节目，与湖南卫视强强联手。配合快乐男声节目推出由品牌代言人、台湾人气偶像柯震东领衔的'弹吉他，根本停不下来'的最新电视广告。"

"在微博上发起的'嚼炫迈，评快男'活动，让观众能边看直播边评论节目，加深了粉丝与节目及品牌的互动。Stride 炫迈快乐男声不仅吸引了 30 万年轻人报名参加，在节目热播期间，Stride 炫迈口香糖销量迅速增长，品牌知名度、美誉度大幅提高。"

"历时 5 个月，Stride 炫迈快乐男声于 9 月 27 日收官，节目独家冠名赞助商 Stride 炫迈口香糖为获胜冠军华晨宇送上了价值百万元的品牌广告合约，继续谱写'嚼炫迈，根本停不下来'的精彩品牌故事。"

引用来源：百度百科

在 2012 年之前，我们熟悉的口香糖品牌主要有两种：一种是绿箭，它的品牌价值是口气清新；另一种是益达，它的品牌价值是口腔健康。它们品牌效应的形成并不是进攻对手的弱点而产生的关联借势，并且它们彼此也很难再更专业了。

那么，是什么方法使得第二种口香糖在同一个品类中建立了品牌效应呢？我们可以看出，它采用了一个十分简单的方法，那就是重新划分市场，把市场划分为口气清新和口腔健康两个部分，大家井水不犯河水。

这些年，箭牌公司做了很大的调整，一是绿箭升级，二是益达逐渐退出条状口香糖领域，专攻粒装。这样做的好处是避免了两者之间从众大循环的碰撞，毕竟尽管在条状口香糖领域的细分价值不一样，但是，基础价值还是接近，两者共存会产生比较大的内耗。

调整之后的绿箭和益达分别在各自的领域独领风骚，它们的从众大循环每时每刻都在疯狂地绞杀所有敢来挑战的对手。

炫迈为了避开对手的价值下足了功夫，首先，它找到一个新的价值，那就是味道持久，进而把口香糖做得更小、数量更多，就能吃得更久。

这样，在很大程度上就避开了绿箭从众大循环的排他性，并且在"持久"这个价值上建立了新的从众大循环，反过来又疯狂地绞杀敢于进入"持久"领域的新对手。

二、重新划分市场的方法

重新划分市场的策略大都运用在某品类已经存在领导品牌，而且该领导品牌没有明显的弱点，无法关联借势且已经十分专业的情况下。

重新划分市场的方法是找到一个新的价值，避开对手从众大循环的排他性，在新的价值上建立品牌效应。

重新划分市场的关键是找到一个被消费者需求的新价值。消费者越是在意这个价值，就越容易在这个价值上建立从众大循环并形成新的品牌效应。如果消费者并不在意，那就意味着这一价值失去了存在的理由。

近些年，陆陆续续有一些品牌尝试进入口香糖市场，除了炫迈以外，

大都不太理想。其原因要么是新的价值不被消费者所接受，要么是价值
与现有品牌过于接近，受到了强烈的排斥，难以出头。

如清致口香糖的价值就与绿箭口香糖"口气清新"的价值过于接近，
在投入了巨大的营销费用之后依旧收效甚微。

三、常见的重新划分市场的方法

1. 档次区分

如果对手的价值是高端，那么，就意味着它比较贵，而我们就可以
做低端一些的符合广大普通群众的产品，如小米手机。

值得强调的是，这里的档次区分不是价格战。价格战是指在价值接
近的两个品牌之间，通过价格优势取得市场地位的方法，当然，它的结
果往往是大家都没钱赚。

小米手机和苹果手机不是价格战，因为没有人会认为小米与苹果价
值相近，买苹果手机的人与买小米手机的人完全是两个群体，它们之间
没有直接冲突。

2. 人群区分

人可以分为男人和女人。所以，洗面奶就分男士和女士，至于这个
洗面奶在本质上有什么差别，我个人认为应该没多大差别。

人也可以按年龄分为许多层次，老年、中年、青年、小孩，所以卖服装的就会采取这样的方法重新划分市场。

人还可以划分为正常人和非正常人，等等。总之，只要你想得出，又有市场需求，就值得探讨研究。

3. 风格区分

风格区分也就是概念区分，在餐饮和家装领域用得比较多，有复古风、现代风、西式、中式，各种式样。

4. 大小形状以及规格的区分

王老吉、加多宝是听装的，所以和其正就用瓶装的；养乐多是小瓶装的，所以后来就出现了许多大瓶装的益生菌饮料，如：蒙牛的优益C等。

同样，百岁山的瓶子与农夫山泉和怡宝的区别就比较大，还有炫迈的规格也跟绿箭不一样，一盒里面有许多小尺寸的口香糖。

炫迈的案例也告诉了我们，做企业品牌战略规划的时候，并不是一定要局限在某一点，它往往是个综合性系统工程。

5. 功能区分

一个产品的功能往往不止一个，如洗发水中的飘柔、海飞丝和潘婷就分别在柔顺、去屑和修复上面重新划分市场，进而建立从众大循环，并形成品牌效应。

在餐饮业,"服务"一直也是一个消费的需求点,但一直没有人想到在这上面建立从众大循环,直到海底捞出现。后来的大斌家串串火锅在火锅的表达形式上做出创新,进一步进行市场的划分。

四、从四个角度分析宝洁公司的市场划分

1. 地理变量

宝洁公司从地理变量角度划分不同市场,针对东方人与西方人不同发质的特点,专为亚洲消费者推出滋养头发、补充水分的潘婷。

对于不同地区,其主打产品各不相同,如在经济较不发达地区,主推实惠便宜的洗涤、洗护产品,如汰渍、飘柔等,并设计推出了量大价廉的家庭装;而在京、沪等一线城市,则主推其高端线产品,如玉兰油等。

2. 人文变量

就年龄层面而言,宝洁公司的市场定位为青年消费群体,多邀请青春偶像作为代言人,其庞大的市场占有率也充分证明了这一定位的正确性。

就收入层面而言,宝洁公司最初进入中国时,发现购买者对洗衣产

品的功效要求较低，用量也仅为发达国家的十分之一。于是宝洁公司迅速调整产品定位，在中国收购、合资了本土的低价品牌，如熊猫、兰香。

就性别层面而言，宝洁公司针对男性消费者和女性消费者的不同需求，将吉列品牌剃须刀、刀片及其他副产品划分了男士和女士市场。

3. 行为变量

宝洁公司从行为变量角度划分了不同市场，根据消费群体的不同诉求，推出了四种不同功效的洗发水，包括具有去屑功效的海飞丝、具有养发功效的潘婷、具有柔顺功效的飘柔、具有更多专业功效的沙宣。

4. 心理变量

就社会阶层而言，宝洁公司针对不同阶层的消费者群体，采取了不同的营销策略。对于经济宽裕的购买者，宝洁公司推出了国际著名护肤品牌 SK-Ⅱ；对于收入一般的消费者，宝洁公司推出了相较而言更为平价的品牌 OLAY。

就生活方式而言，宝洁公司为以家庭为单位的购买人群，设计了桶装洗护产品；为经常出差、旅游的人群，设计了易携带的洗护二合一产品。

第七章　市场营销的核心工作

一、市场营销经典案例赏析

奶茶双雄夺位战

"中国杯装奶茶市场硝烟弥漫：香飘飘，一杯小小奶茶做到 20 亿元的年销售额；优乐美，虽然不是行业的开创者，却有着辉煌的过往胜绩。随着优乐美的横空出世，奶茶双雄夺位战大肆上演。"

"一边号称'奶茶就要香飘飘'，一边则称'奶茶我要优乐美'；一边请陈好代言，一边请周杰伦助阵；价格战、产品战、口水战此起彼伏。中国市场虽然很大，但行业翘楚毕竟只有一个。那么，谁才是真正的霸主？"

"正方观点是：奶茶是一种对口感要求很高的产品，香飘飘作为中国杯装奶茶的开创者，消费者已经习惯了它的味道，普遍反映更纯一些。"

"与此同时，香飘飘还开始在产品上不断增强与对手的差异化。在包装上，香飘飘奶茶的杯子比起竞争对手要更大一些，纸杯的用纸也更讲究，突出量足、实惠的特点；在内容上，香飘飘开始用椰果代替其他竞品的珍珠，此举无疑影响深远。珍珠包必须用沸水冲泡，且浸泡时间须在五分钟以上，而香飘飘的椰果条本身就是软的，无须沸水，温水一泡即可饮用。"

"甚至连吸管这样的细节，香飘飘都能照顾到。其他品牌都是将吸管随便一折，继而放入杯子里，香飘飘却特别定制了双节组合式的吸管，平时是短短的两节，使用时轻轻一插即可变长。无论从产品质量还是销售策略上，香飘飘都是当之无愧的霸主。"

"中立方的观点是：香飘飘和优乐美都是杯装奶茶行业数一数二的品牌，在口味、包装、宣传和渠道上各有所长，没有必要为了谁是第一短兵相接，应该携起手来将这一市场的蛋糕做大。"

"反方的观点是：优乐美能够用很短的时间迅速占据其目标人群的市场份额，在营销上可圈可点。对于奶茶如何之好、如何之香，它只字未提，专攻情感传播，利用周杰伦将自己塑造成年轻情侣的奶茶首选。"

"与此同时，喜之郎果冻多年形成的销售渠道，也可以让优乐美瞬间铺向全国。优乐美的广告在大学生这一奶茶的主要消费群体中，产生了不小影响。"

"所谓'捧在手心里'的概念营造，也挖掘了杯装奶茶在冬天暖手暖心的独特产品属性。作为后起之秀，优乐美定位精准，品牌宣传略胜一筹，发展潜力更大，最终成为市场霸主。"[1]

---

[1]　谢显峰. 重新定义营销的核心工作[EB/OL].https://zhuanlan.zhihu.com/p/35164700,2018-03-31.

三方的观点我们先抛到一边，下面用我们的方式来分析一二：

香飘飘和优乐美的价值分别是"杯装奶茶开创者"和以爱情为概念的"你是我的优乐美"。我们再看看它们的广告，香飘飘的广告词是："杯装奶茶开创者，连续 6 年销量领先。一年卖出 7 亿多杯，连起来可绕地球两圈。"优乐美的代言人是知名艺人周杰伦，广告词是："你是我的优乐美。"关于它们的广告语孰优孰劣，我们不做评判，先回过头来看一看品牌效应的形成过程。

消费者的无知导致他们的选择受他人影响，进而产生从众大循环。从众大循环就是对于一个价值，选择的人多了就会有更多人选，更多人选了则选择的人更多，由此产生无限循环。最终，会吸收所有的潜在客户和对手的客户以及吸引力越来越强，形成品牌效应。

这个品牌效应的形成过程告诉我们，从众大循环是关键中的关键，而从众大循环的循环起始就是消费者觉得某一品牌被更多人选择，也就是认为这个品牌卖得更好一些。

我们再来看看香飘飘和优乐美的广告语，香飘飘的"连续 6 年销量领先，一年卖出 7 亿多杯，连起来可绕地球两圈"，不就是明明白白告诉所有的消费者香飘飘卖得最好吗？此举符合品牌效应的基本形成过程，具有更大的竞争优势。所以，最终香飘飘赢得了竞争。

当然，尽管价值比较接近会受到对手从众大循环的排他性冲击，但是，优乐美还有独特的爱情价值定位。冲泡奶茶本来就是冬季热饮，把它送给最爱的人不仅可以暖胃，还可以暖心。价值上的区分使得优乐美依旧在奶茶市场有一席之地。

二、市场营销的核心工作

由于我们的无知，导致我们的选择受他人影响，继而产生从众大循环。从众大循环的定义是：对于一个价值，选择的人多了就会有更多人选，更多人选了则选择的人更多，由此无限循环。

理论上，在同一价值领域，它最终会吸收所有的潜在客户和所有对手的客户以及吸引力越来越强，最终形成品牌效应。所以，我们很容易就可以得出一个结论：营销的核心工作就是让消费者认为我们卖得最好，假的也可以。无论是做铺市率、好的陈列位，还是大型广告，都是在不断地暗示消费者我们卖得最好。

现在，网上购物已经成为我们生活中不可缺少的购物方式，因为实在是非常的方便。柴米油盐酱醋茶，零食美妆服装电子电器，应有尽有。那么，我们在网上购物的时候，第一看重的是什么呢？没错，就是销量。

在同样的价格下，我们通常会毫不犹豫地选择销量更好的品牌或店家。所以，数据就成了电商们最大的追求，因为有数据才有一切。在电商界存在一种现象，那就是刷单。刷出来的单虽然是假的，但效果却是真的。数据就像是雪球，当雪球比较小的时候，每滚一圈能够吸附的雪是比较少的，但是随着雪球越滚越大，每滚一圈能吸附的雪会越来越多，这个雪球就是从众大循环。

在本书的所有理论形成之前，有一次，我的车停在马路边被抄牌了。不仅是我的车，所有停在这条马路边上的车都被抄牌了，因为在不远处就竖立着一个大大的禁停标志。

在那一瞬间，我的脑海中上演了一个个画面。我想象着，肯定有一个开始，那时候这条路上一辆车都没有。当第一辆车来的时候，司机看到了这个禁停的标志，知道如果停在这里可能有被抄牌的风险，也许是有急事暂时停一下，也许就是不怕被开罚单，总之不管出于什么原因，他还是把车停在这里了。当第二辆车来的时候，也许，他有同样的理由要把车停在这里。我们可以肯定的是，他看到前面已经有车停在这里，他的心理压力肯定比第一位车主小一点。就这样，停了一辆又一辆，后来者的心理压力越来越小。因为他们会想，既然大家都停在这里，那么这里应该是可以停车的，是前面车主影响了后面车主的选择。

相应地，如果把这条街想象成一个品牌，只要让消费者认为大家都选择了这个品牌就行了。也就是说，当大家认为这个品牌卖得最好的时候，就会有更多的人跟着买，由此形成从众大循环。

在长沙黄兴路步行街，有一家卖臭豆腐的小店，门前总是排着长长的队伍，从来没有生意萧条过。这是为什么呢？真的有那么好吃吗？

后来，我们都知道了，老板会在适当的时机找一些托儿来排队。这些托儿就是在告诉消费者，他们的生意很不错。然后，引发从众大循环。大家看到有人排队就会潜意识地认为这家的臭豆腐肯定好吃，于是也跟着去排队了。排队的人多了，就能吸引更多人排，更多人排了则排队的人也更多，直到形成一条长长的队伍。

这条队伍很难消失，因为它的从众大循环在不停地吸收潜在客户。而附近其他臭豆腐店的生意也很难好起来，因为他们的客户也在不断被别人建立起的从众大循环吸收。所以，让消费者认为你卖得最好很重要，就算你请的都是托。

现在，我们经常可以看到，电视广告上这个说销量遥遥领先，那个说创办一年成交量遥遥领先，更直白一点的会直接说某某行业的领导品牌。这些做法都是在直接引导并推动从众大循环的运行，利用从众大循环吸收所有的潜在客户和对手的客户，直到形成强大的品牌效应。

三、品牌战略规划三部曲

到了这里，我们可以总结出企业品牌战略规划的三个步骤：

第一步，分析整体外部环境，确定是否有品牌已经建立从众大循环并形成品牌效应。如果没有，我们可以大胆去做；如果有，我们就要确定对方的价值是什么。

那么，如何判断是否有品牌已经形成从众大循环呢？可以询问消费者，对某对应品类的产品产生需求的时候，第一个想到的是哪个品牌。如果消费者的回答基本一致，那就可以判断已有品牌在该领域形成从众大循环。

第二步，为了避开对手从众大循环的强烈排他性，我们要远离其已有价值，在新的价值上建立自己的从众大循环，形成新的品牌效应。常见的方法有三个，即关联借势、专业化以及重新划分市场。

第三步，重新定义企业营销的核心工作，一切营销手段的目的皆是让消费者认为我们的产品在某一领域内有足够高的价值，卖得最好，借此引动从众大循环的运转，借助从众大循环的强烈排他性，便可立于不败之地。

第八章　品牌命名和广告语设计的基本原则

战略规划完成后就是战略执行了，战略执行的第一步就是给产品想一个好的名字和一句好的广告语。

一、品牌名的确定

一个人的名字毫无疑问是十分重要的，以至于当孩子出生之后，很多父母都为此绞尽脑汁。为什么这么重视呢？因为这实在是一项影响孩子终生的决定。

而对于企业经营者来说，这一点更加重要。因为从取名的那一刻起，我们就抱着强烈的愿望，要使它家喻户晓、人尽皆知。

现在闭上眼睛想一想，能记得的身边的品牌有哪些？我们不难发现，所有能想到的品牌名字都有一个特点，那就是简单好记。很少有复杂难记的名字能够广为流传，说到底还是因为我们的大脑更青睐简单的信息。品牌的传播是需要耗费精力与金钱的，简单的名字能大大提高传播的效率，拥有更强的竞争力。

除了简化信息之外，我们还应该尽可能地让品牌名字本身拥有一定的价值属性，如水果中最常见的是苹果，苹果有很多功效，富含营养价值，所以苹果手机在名字的属性上面就具备了一定的竞争优势。又如，互联网是一个信息的汇聚地，没有找不到只有想不到，所以联想电脑取名"联想"，毫无违和之感。

成功的例子还有很多：耐克让我们联想到品质好、耐穿；奔驰让我们联想到畅快飞驰的感觉；宝马一匹，再配一身白衣，象征我们对理想的追求；可口可乐一听就好喝；百事可乐表达了积极的生活态度；乐事代表乐观向上的好心情；香飘飘则是未尝其味，先闻其香；娃哈哈展现的是小孩子天真烂漫的笑脸；淘宝传达着网络购物者的一种心态；支付宝简洁明了地告诉我们，它专为支付而生，等等。

二、广告语的设计

一个企业经营者要生产某种产品，必定是因为该产品能够解决消费者的某个痛点，这是该产品的基本价值属性。

因此，我们要在无数个竞争者中胜出，就必须告诉消费者我们的胜出理由，这里面会体现所有战略规划的精髓。我们必须明明白白地告诉消费者，我们的价值是什么，这个价值是品牌的基础。

那么，我们就必须知道自己的价值是什么。可是在很多时候，这一问题连我们自己都不太清楚。利用一个很简单的问题就可以对此进行诊断："我是什么？"基本上，越是能够简单清晰地说出自己的价值，也就越容易被消费者记住。人的大脑更青睐简单的信息，品牌价值的传播实际上就是信息的传播。

在我们能记住的品牌价值里，很少有既是 A 又是 B 还是 C 的，因为这太过复杂。品牌价值越复杂，传播的难度就越大，需要耗费的资源也就越大。换句话说，就是想要达到同样的效果，传播信息更简单的品牌资金使用效率更高。

品牌价值主要体现在广告语上面。广告语有两个基本功能：一是告诉消费者，商品对消费者有什么用；二是告诉消费者，为什么要买这家而不买别家。广告语是品牌在消费者的脑海中留下印象并得以传播的载体，制定合适的广告语，有时可以看成是一个企业战略规划的核心工作。

我们都记得一句很经典的广告语："今年过节不收礼，收礼就收脑白金。"品牌通过坚持不懈的广告洗脑，成功地使我们一想到送礼就想到脑白金。

脑白金的价值除了作为补品之外，更多的是被定义为礼品，因此消费者购买后，往往是想通过送礼来表达心意。这是一句成功的广告语，并且在很长一段时间内无法复制。

那么，从广告语的两个基本功能上分析，告诉消费者买这个商品有什么用，是明面上的信息；告诉消费者为什么买这家而不买别家，则是隐含在深处的规律引导了。脑白金成功地在送礼这个价值上建立从众大循环，形成品牌效应，并且由于从众大循环的强烈排他性，排斥一切价值相近的对手，不知不觉就已经帮消费者做出了选择。

另外一句更有名的广告语是宝马的："坐奔驰开宝马。"明面上告诉消费者，买它的理由是更好驾驭，暗地里关联奔驰，借势在"驾驭"这个价值上建立从众大循环，形成品牌效应。从众大循环已经告诉了消费者不买别家的理由。

所以，品牌的价值塑造很重要，而广告语是关键性的载体，要在简化信息的基础上运用品牌战略规划的思路，千锤百炼之后形成我们的广告语。

在广告语的设计上，一定要考虑到主观意识和客观意识。企业经营者当然知道自己卖的是什么，这是主观上的认知，同时，我们更应该站在消费者的客观角度上，审视要传播的信息是否已经足够清晰、简单。

另外，不要把理想看成价值。我曾经问一个企业经营者："你的价值是什么？"他的回答是："给人们带来幸福的生活体验。"不得不说，这是一个十分美好的愿望，也是我们所有人的追求。对于这一追求，我们往往通过消费来实现，买食品、衣服、车子、别墅，等等。但是，所有人都知道，幸福是无法通过直接购买而获取。所以，如果这样向消费者传达价值，那么，基本上就等于没说。

三、品牌与广告设计三要素

在整理好所有的思路，完成品牌价值规划之后，下一步就是如何在产品上面表达出来。品牌与广告的设计是载体，它包括产品包装、宣传资料以及广告的设计。

经过长期的经营实践，以及观察身边品牌的各种设计，我注意到成功的品牌与广告设计都具有三个基本要素。这三个要素缺一不可，少了哪一个都有可能遇到传播受阻的问题。

1. 告诉消费者：我卖的是什么

当下正是商品经济高度发达的时代，消费者的每一个需求都有众多的产品可以同时满足，那么反过来，谁的产品价值更容易传播，谁就更有竞争力。

产品价值传播的第一步是基础价值属性的传播，简单说就是：我卖的是什么，将要解决消费者的哪种需求。

对于消费者来说，购买的欲望来自趋利避害的本能，也就是躲避自身的某种痛苦，因此，消费者的购买需求往往是很明确的。那么，面对庞大的竞争压力和消费者心中明确的购买需求，第一时间告诉消费者卖的是什么，就显得尤为重要。

以大型卖场为例：一个规模大一些的卖场里有好几万种商品，消费者推着购物车行走在卖场里，就如同行走在商品的海洋里。无数个商品都竭尽全力想把自己的价值信息传递给消费者，而我们的商品也只是其中一员。

根据自身的购买经验，不难得出一个结论，我们在每一个商品上停留的时间不足一秒。这一秒钟都不到的时间里，能够传递的信息是十分有限的，如果不能在如此短的时间里告诉消费者我们卖的是什么，那么，消费者就很有可能对我们的商品视而不见。

不管采用什么样的方式，我们要达到的目的只有一个，就是让消费者在最短的时间里知道我们卖的是什么。

2. 告诉消费者：我的品牌是什么

记得有一次，我跟几个朋友在一起探讨哪里的小吃更好吃，其中一个朋友向我们推荐，某大学附近一家螺蛳粉店味道不错。于是，我们问他是哪家店，店铺的招牌是什么。他想了很久说不记得了，只记得多么辣、多么鲜，要我们去找找。后来，我又问了一下，朋友中没有一个人真的去找。

创业是一个老生常谈的话题，听得多了以至于我们把事情想得也比较简单了。然而，创业本身并不是一件容易的事情，尤其是在如今产品同质化严重、面临巨大竞争压力的时代，创业必须要生产出合格的产品或者服务，能够满足消费者的基本需求。所以，必须要投入很多的金钱、时间和管理，但这还不够，还要思考在对手众多的情况下如何赢得竞争。

我们设想这样一个场景，你就是那个螺蛳粉店的老板，没有很多钱，为了开这个店已经投入了大部分的身家。你四处拜师学艺，加上自己苦心研究，终于能够做出一碗好吃的螺蛳粉。消费者吃完后依旧怀念它的味道，在这一点上来说，你已经成功了一大半。你希望口碑四处传扬，带来更多的生意，结果，我那个朋友向我们推荐的时候却忘记了你的招牌，这是不是一件悲哀的事？

后来，我特意去实地看了一下，果然发现了问题的所在。店铺招牌上有大大的"螺蛳粉"三个字，而他的品牌"刘记"则标在了左上角的角落里，很小的两个字，根本就无法引起注意。

同样的现象在生活中比比皆是，逛超市时就能发现不少。有许多商品的包装设计做得很不错，在包装最显眼的位置有一个大大的产品通用名，如"甜甜圈"，而品牌名字则很小，往往是放在左上角。

这样的设计很容易导致消费者在完成消费体验后，想要再次购买的时候，却记不起之前吃过的甜甜圈是什么牌子的。超市里不只卖一个牌子的甜甜圈，不是吗？在很多电视广告里也会遇到同样的现象，整个画面非常精彩，也成功地引起了我们的购买欲望，但就是记不住品牌的名字。

我还记得，曾经看过一个电器的广告，品牌的名字在广告的最后才单独呈现。这个也没什么问题，但是画面中的品牌名字上，还有一个小人在舞动。品牌名字呈现的时间大约一秒左右，这个小人一动就把我的视线抓了过去，结果，我对品牌的名字完全没有了印象。

后来，我还是花费很多时间找到了这个品牌：海信电器。但这是只有像我这样对品牌很敏感的人才会做的事，对于普通消费者来说，这个广告基本上就是毫无作用的。所以，在品牌和广告的设计上有意识地突出品牌名称很重要，如"波力海苔，海的味道"就十分清晰明了。

3. 告诉消费者：我的价值是什么

在更多的时候，这一点不是指品牌价值的基本属性，而是指我们区别于其他对手的独特价值，也就是消费者买我家而不买别家的理由。

这是整个品牌与广告设计中最重要的部分，也是所有战略规划的落脚处。前面讲到广告语是战略规划的载体，那么，在一个品牌与广告的设计中，所有的细节，包括广告语都可以看成是这个载体的一部分。

由于竞争激烈，消费者面临的选择有很多。在同一个价值领域，甚至会出现几十种商品同时摆在消费者眼前的局面，无论是卖场还是网络平台，都会遇到同样的问题。为了避免我们的产品被淹没在由众多产品形成的海洋里，就必须十分明确地向消费者传达我们的价值。

在这一点上做得比较好的是炫迈口香糖，无论是采用多而小的产品规格设计方式，还是在广告中不断重复强调味道持久的特点，都是在告诉消费者买它的理由。

但是，在很多的包装设计或者广告设计上，依旧能找出很多不足，使得消费者在看完之后，并不能清晰地知道购买的理由。

很多人在设计的时候注重美观，讲究高大上，这是没错的。但是，我们一定要意识到品牌的传播在本质上就是信息的传播，所有的设计都要围绕这一核心问题来完成。如果本末倒置，就很有可能面临传播受阻的风险。

品牌和广告的设计，是我们迈出营销的第一步，也是很关键的一步。这三大要素缺一不可，要不停地站在消费者的角度来审视信息表达是否足够清晰。在必要的时候，还应该做一些市场调研，断不可被主观意识所迷惑，经营者清楚品牌的价值，不代表消费者也清楚。

第九章　品牌延伸的优劣

一、警惕品牌延伸

什么是品牌延伸？品牌延伸就是某品牌在某个产品上取得成功后，为了更好地发挥品牌效应，卖出更多的产品，在此品牌下延伸出其他产品，形成以拳头产品带动其他产品的品牌模式。

品牌延伸的目的就是给公司的新产品建立公信力，告诉消费者，新产品也是我们这个大公司做出来的，品质有保障。

看上去一切都符合逻辑，和谐有效，但是，这一切都是站在企业的角度来看待问题的。品牌延伸必然会导致品牌的不专业化，而消费者喜欢更专业的产品，光是这一点就可以把前面的论点颠覆。

品牌延伸的优点是可以给产品增加公信力，但是，增加品牌公信力的方式不只有品牌延伸这一点，包括通过时间的积累、广告推广、明星代言，等等，都可以达到增加品牌公信力的目的。

而品牌延伸会带来更多的缺点。由于品牌效应是一种群体意志，不随个人意志的转移而转移，所以当消费者想到该品牌时，很难想到除了该拳头产品之外的产品。也就是说，尽管有时候其他产品卖得不错，但是，消费者心里仍没有它们的位置。

比方说，卖得最好的薄荷糖是什么牌子？消费者的心里一片空白，或者要想半天才能想出来，是绿箭品牌下面的一款铁盒装的薄荷糖。为什么会出现这种产品卖得好却没有地位的现象呢？因为，消费者想到绿箭品牌的时候想到的是口香糖，而不是薄荷糖。

由于品牌效应具有难以被转移的特性，消费者对该品牌的价值认知难以转移，但即使是这样，也经不起长时间、不遗余力、潜移默化地转移。由于信息的复杂化，原本清晰的价值在消费者心里会逐渐模糊。

一旦消费者心里的价值转移了，那么，原本的从众大循环就会崩溃，对手将乘虚而入，在你原先的价值上建立从众大循环，形成品牌效应。这时，它的从众大循环反过来又会对你进行残酷绞杀。

简单总结一下就是，品牌延伸可以增加新产品的公信力，但是新产品难以在消费者心里形成地位，并且有可能破坏原有产品在消费者心里的专业化，破坏强大无比的从众大循环，给对手机会。

这里有一个问题需要解释，很多企业家说："我的品牌延伸了很多产品，虽然大多数产品卖得不好，但还是有几个产品卖得不错，说明品牌延伸还是有效果的。"我们可以这样看待这个问题：

第一，大多数产品卖得不好，是因为已经有其他品牌在那些产品上建立起从众大循环，它们在排斥同类产品。

第二，那些卖得好的产品，虽然还没有品牌率先建立起从众大循环，但是市场还处于风口期，尚未进入激烈的竞争状态。

这两点都与品牌没什么太大的关系，那么，何不另创一个独立的品牌来运营呢？既是独立的品牌，又没有破坏原有品牌的专业性。

可口可乐公司在中国推出的品牌有：可口可乐、雪碧、怡泉、芬达、醒目、美汁源、纯悦、果粒奶优、冰露、水动乐，等等。

百事公司在中国推出的品牌有：百事可乐、美年达、七喜、佳得乐、果缤纷、草本乐、乐事薯片、立体脆、奇多，等等。

宝洁公司在中国推出的产品有：飘柔、海飞丝、潘婷、润妍、沙宣、伊卡璐、舒肤佳、威娜、碧浪、佳洁士、护舒宝、汰渍，等等。

就连统一也一改之前品牌延伸的模式，开始用新的品牌名字命名新的品类，推出的品牌有：统一、阿萨姆、雅哈、汤达人，等等。

二、警惕隐性品牌延伸

从信息传播的层面来解释品牌延伸，就是让消费者知道：新产品也是由我们生产的，可以放心购买。

那么，什么是隐性品牌延伸呢？我们可以看到，很多公司的新产品并没有标注同一个品牌，也就是没有在原本的品牌下延伸。但是，该公司会有意识地告诉消费者，这些新品牌都是我们公司生产的，有实力、有品质，你们可以放心购买。这样的举动又完全符合品牌延伸的定义，因此，被称为隐性品牌延伸。

雷克萨斯是丰田公司生产的一款高端车型，但对于多数人来说，这是过了许多年以后才慢慢得知的事实。因为，丰田公司在有意识地封锁这个消息，甚至雷克萨斯的4S店离丰田的都很远。这样的做法是十分明智的，避免了高端品牌被拉低档次的可能性。

而格力在广告中同时表达格力空调、晶宏冰箱以及大松电饭煲皆为旗下品牌的方式，就是典型的隐性品牌延伸。这样的做法会导致原本的品牌不专业化，新的品牌也很难形成专业化的局面。

第十章　商业篇结尾感言

中华民族对世界的重要贡献之一就是发明了指南针，在茫茫的大海中航行，或者在广漠无边的沙漠中旅行，最重要的是什么？答案是唯一的，那就是知道前进的方向。

如果方向是准确的，那么，我们将以最快的时间，花最少的代价到达目的地。如果方向有偏差，我们将要花费更多的时间，付出更多的代价，才能到达目的地。如果方向偏差得太厉害，那么，就已经不是花费更多的时间和付出更多代价的问题了，很有可能永远也到不了目的地，并最终倒在错误的道路上。

一个企业的战略规划是企业运营最重要的部分，本书的目的是尝试建立一套既逻辑严密又符合规律的思维框架。这个工作无比的重要，一个企业的战略规划决定了这个企业的发展方向，如果方向是错的，那么，企业很有可能面临经营不善甚至倒闭的风险。

这是一个很简单的道理，然而，现今很多的企业家对此毫不在意。

究其原因，我认为有以下两点。

1. 经营意识还未来得及转变

在改革开放之前，我们几乎一穷二白，人们的生活水平极低，物质匮乏。我们今天所拥有的一切，在那个年代根本无法想象。

那么，在改革开放之后，从人人包产到户搞市场经济，出于人性本能的利己性，人人争先恐后发狠赚钱，而有了钱以后做的第一件事就是买东西，为什么？因为要提高生活水平，摆脱缺乏物质的痛苦。

我们不能想象这个需求的空缺有多大，并且随着人们收入的进一步提高，有了更强的购买能力，这个巨大的需求更是进一步扩大。

这是一个世所罕见的风口，从古至今，从国内到国外都不曾出现过的巨大的机遇摆在了中国企业家的面前。一次盛大的狂欢就此拉开序幕，企业家是疯狂乱舞的表演者，普通民众是激情昂扬的观演者。

从一穷二白被世界漠视到令整个世界为之震撼，为之倾倒，他们一起演绎着中华民族有史以来最伟大的蜕变之路。

这个时期的企业家根本就不需要思考太多战略规划的问题，要做的事情只有一个，那就是生产足够多的产品来满足人们远远没有得到满足的需求。

我有一个做音响生意的朋友，在我们的交谈中，他不止一次回忆起曾经最美好的时光：那是在一九九几年的时候，他每天去港口排队等集装箱，集装箱一上岸就按指标分货，拿到货后就开始安排下一轮排队了。根本就不用去卖货，货早就提前卖光了，钱都已经装进了口袋。在那个年代，大部分行业都是这种情况，客户先交钱再排队等货。

当人们的需求开始慢慢得到满足之后，这种状况开始悄悄地改变。当物质相对稀缺的时候，人们往往并不挑剔，因为实在是没得挑，有就已经很不错了。

当物质开始丰富的时候，人们渐渐有了选择的权利。既然有得选当然就要选更好的，这个时候企业家们就要开始面对残酷的现实了，第一轮惨遭淘汰的就是产品质量不行的企业。

这一轮的淘汰给企业家好好地上了一堂课，他们已经明白，产品不行就要出局，制造更好的产品成了唯一的出路。

于是，就有了海尔电器张瑞敏先生砸冰箱的故事，这一砸就砸出了一个千亿级的海尔，闻名中外，享誉世界：

1985 年，张瑞敏刚到海尔，时称青岛电冰箱总厂。一天，一位朋友要买一台冰箱，结果挑了很多台都有毛病，最后勉强拉走一台。

朋友走后，张瑞敏派人把库房里的 400 多台冰箱全部检查了一遍，发现共有 76 台存在各种各样的缺陷。张瑞敏把职工们叫到车间，问大家怎么办。

多数人提出，也不影响使用，便宜点儿处理给职工算了。当时一台冰箱的价格 800 多元，相当于一名职工两年的收入。张瑞敏说："我要是允许把这 76 台冰箱卖了，就等于允许你们明天再生产 760 台这样的冰箱。"

他宣布，这些冰箱要全部砸掉，谁干的谁来砸，并抡起大锤亲手砸了第一锤！很多职工砸冰箱时流下了眼泪。

然后，张瑞敏告诉大家——有缺陷的产品就是废品。三年以后，海尔人捧回了中国冰箱行业的第一块国家质量金奖。

当那一批南郭先生倒下之后，剩下的可都是会吹竽的高手。洗牌之后的企业大多能制造出好的产品了，尤其是随着科技水平的提高，一些满足日常生活基本需求的产品已经失去了原有的技术壁垒。更多的企业都能制造出合格的产品了，很多时候，消费者甚至难以区分它们的品质到底谁高谁低。

这个时候，一个重大的问题出现了：既然大家的产品品质都差不多，那么消费者为什么要买我的呢？又或者反过来问，如何让消费者选择我，而不是我的对手？

遗憾的是，由于思维的惯性与陈旧的企业经营经验，众多企业家根本没有意识到这个问题，更谈不上把这个问题摆在企业经营最重要的位置上。

当他们的企业遇到瓶颈，或者面临破产的时候，他们通常一脸无辜地问："这个世界怎么了？以前的那套怎么不灵了？"

激情的舞会已经变成了残酷的战场，曾经的舞伴已经变成了此时的敌人。这是一场除了你死我活没有第三种选择的战争，我们手里拿着一样的武器，都想把对手击败。我们如何进攻对手，又如何防御对手的进攻，十八般武艺正是派上用场的时候了，而这十八般武艺就是战略。

2. 大多数人对经典商业理论所知甚少

1867 年，马克思出版了《资本论》，"第一次通过对直接生产过程的分析，揭示资本主义的基础商品经济、剩余价值的秘密、资本的本质、资本主义的基本矛盾及其发展的历史趋势"。因而，从根本的层次上阐明了资本主义经济中最主要、最基本的问题。这是自工业革命以来第一次系统地描述商业本质的著作。

1911 年，泰勒出版了《科学管理原理》。泰勒把科学管理概括为："科学，而不是单凭经验办事；和谐，而不是合作；合作，而不是个人主义。以最大限度的产出取代有限的产出，每人都发挥最大的工作效率，获得最大的成功，就是用高效率的生产方式代替低成本的生产方式，以加强劳动力成本控制。工作主要是通过时间和动作研究及工作分析来达到这一目标。"泰勒最大的贡献就是发明了流水线工作法。

彼得·德鲁克先生是现代管理学之父，从 1966 年出版的《卓有成效的管理者》，到 2006 年出版的《卓有成效管理者的实践》，都是管理学的经典之作。在这一阶段，他第一次把公司作为一种组织来进行系统性研究。德鲁克有三个经典提问："我们的事业是什么？我们的事业将是什么？我们的事业究竟应该是什么？"还提出管理必须同时考虑的三个问题："必须考虑成果和绩效，这是企业存在的目的；必须考虑在企业内部共同工作的人所形成的组织；必须考虑外在社会，也就是企业的社会责任。"

1972 年，定位理论由艾·里斯和杰克·特劳特提出，被评为"有史以来对美国营销影响最大的观念"，意味着一种新的营销思维的形成。1991 年，《定位》进入中国图书市场，定位理论随之被引入，经过 20 年的实践，定位理论在中国的应用愈加成熟，定位、营销战、聚焦、品类等思想启迪了更多从业者的思维，也出现了许多成功的经典案例。

以上都是具备里程碑意义的商业著作，每一种思想都是作者花费十几年甚至几十年所总结出来的商业精华，对于企业来说，这些都是不可不读的商业理论。

在很长一段时间，我每遇到一个企业经营者都会问一句："你听说过《定位》吗？"我得到的回答大部分是没有。从 1991 年《定位》进入中

国开始算起，已经过去了整整 30 年，《定位》在中国企业界的普及程度
依旧处于初级阶段。

在近 10 年来，中国企业家培训行业迅猛发展，各种讲师及课程如雨
后春笋般冒出。由于现今的商业已经进入了一个全新的竞争时代，中国
企业家们确实已经感受到紧迫的气氛。作为其中的一员，我在很长一段
时间内都处于极度焦虑的状态。我们需要改变，于是我们开始学习。

后来，我发现基本上都白学了，不是用不用得上的问题，而是根本
连记都记不住。讲师所讲的理论大都是自己发明的，好像不发明一种理
论就不配称为讲师一样。听的时候令人热血沸腾，感觉光明的未来在向
自己招手，回到企业后才发现根本用不上。还有一些实战派，大多数有
各种大型企业的工作经验。但是，我们都知道每个企业的情况不一样，
个人的成功经验不一定就适合别人。

我们需要学习的是商业的规律，和它在企业的实践经验。既然这样，
就必须把理论跟实践结合起来，不是所有的经验都是理论，也不是所有
的实践都有指导意义，希望企业经营者们都能明白这一点。

要解决目前企业界亟待解决的战略规划的问题，《定位》就值得多
研究几遍，包括它的系列丛书都要细细品味。里斯和特劳特先生是当之
无愧的大师，我相信在商业理论发展的历史上，他们必定会留下厚重的
一笔。

本书不仅尝试建立系统化的商业规律，并且也尝试把此规律应用到
社会科学的各个领域。在本书的最后几个章节中引入了复杂系统的模型，
用统一的方法来理解生态、经济、文化等系统的运行规律。

社科篇

第十一章　社会科学与趋利避害

从本章节开始，我们进入了社科篇。趋利避害一直是我最看重的部分。无论任何与生命有关的事物，要追寻其根本都必须追溯到最底层逻辑——趋利避害。生命活动形成的各种系统，如生态、经济、文化等，都是建立在趋利避害根基上的参天巨木。

一、趋利避害的定义

趋利避害，意思是趋向有利的事物，躲避有害的事物。这是一个浅显易懂的定义。为了追求美好的生活，我们总是要做对自己有利的事，对那些不利的事物本能地敬而远之。

那么，如何定义趋利避害中的利与害？就趋利避害而言，凡是生命

个体想要的事物是利，不想要的事物是害，既没有想要也没有不想要的
事物则无利无害。这个定义的关键在于理解并不是对生命个体有利的才
叫利，对生命个体有害的才叫害。如一个对某个体有利的事物，由于个
体的认知有限不能识别，则不会产生趋利的行为，甚至可能出现实则有
害，却误认为有利而产生对害的趋利行为。所以，不管实际上是利还是
害，生命个体产生趋利避害行为的依据为是否是其想要的事物。

尽管，趋利避害是由"趋利"和"避害"两个词语组成，但我们不
能把它们看成是两个独立的概念，而要把它们看成合为一体的整体。我
们可以想象这么一条线段：中心点对应无害无利，左右两边分别对应有
害和有利，越往两端则表示厉害程度越大。对生命个体而言，所有的事
物都可以表示在这条线段上的某处。我们很明显就能看到，躲避线段的
一端就是趋向线段的另一端，这两种行为总是同时存在。

长在沙漠绿洲边的草类植物，发达的根系会全都朝着水源的方向生
长，它们在趋向水源的同时，也在避开干旱的无水地带。狮子追逐着角
马，在追逐食物的同时，也在逃避饥饿；而角马的疯狂逃窜，既是在寻
求生存的机会，也是在躲避被猎杀分食的命运。所以，趋利与避害是同
一个概念的两种表现形式，本质上是同一个含义。

孟子说："鱼，我所欲也；熊掌，亦我所欲也。二者不可得兼，舍鱼
而取熊掌者也。"两害取其轻，两利取其重，是对趋利避害的进一步阐释。
当在两个或多个有利的事物中只能选择其中一个的时候，我们选择更有
利的，实际就是在趋向更大的利益（趋利），躲避更小的利益（避害），
两害取其轻亦然。

我们经常听到这样一个关于选择的故事：十个小孩在正常使用的铁
轨上玩耍，你的小孩在废弃的铁轨上玩耍。这个时候有一列火车快速驶

来，而你手握扳道的权力。那么，你是选择任由火车驶过，轧死那十个小孩，还是选择扳道，轧压死自己的小孩，换取那十个小孩的生命？

有人说，选择轧死那十个小孩，原因是在正常铁轨上玩耍本身就是犯了错，凭什么由自己的小孩买单。有人要反对了，难道十个小孩的生命不敌一个小孩的生命吗？这样的选择毫无人道主义精神。如果是我，会怎么选呢？我给出的答案也是轧死那十个小孩。因为我打从心底里认为，我的孩子没有犯错，并且更重要。两害取其轻，两利取其重，趋利避害的本能发挥了作用。

我们再换个场景，变成一万个小孩犯了错，在正常使用的铁轨上玩耍，我的选择可能是轧死自己的小孩，因为，我觉得怎么看一万条人命都比一条人命贵重。当然，也许依然有人觉得自家的小孩比全天下都重要。

在这里，我们并不是要统一一个答案，我们很难去统一所有人权衡利弊的标准。但是我们依然可以肯定，不论是谁做出何种选择，其根源都在于趋利避害的本能——两害取其轻，两利取其重。

二、生命与非生命的定义

天下熙熙皆为利来，天下攘攘皆为利往。中国古人很早就总结出人性的根本即趋利，人类的所有行为皆来自趋利的本性。我们可以把这种本性称之为趋利避害，从广义而言，即包括人类在内的所有生命的本能是趋利避害。

趋利避害是一条普遍存在的公理。既是公理，则无须思考其缘由，过多纠结于公理的缘由容易陷入混乱。要解释一种现象就必须找到其更底层的逻辑，公理就是最底层的逻辑，无须再解释，就好像我们永远无法也无须解释，为什么一加一等于二。

很多人纠结于一个问题：人为什么活着？在回答这个问题之前，我先问另外一个问题：钢铁为什么这么硬？因为是钢铁，所以肯定坚硬，坚硬是钢铁的属性，这是底层逻辑，不需要再解释（自然科学层面有更底层的解释）。同样，生命的本能是趋利避害，趋向有利躲避有害是生命的基本属性，活着可以看成是趋利避害属性的表现形式，问人为什么活着等同于问人为什么趋利避害，究其根本，这个问题不成立，因为底层逻辑无法也不需要解释。如果有人觉得，活着的痛苦比死亡更大，那么，趋利避害的本能会促使他做出自杀的行为。

趋利避害定义了生命最基本的特性，也是区别生命与非生命的基本概念。我们可以说，凡是知道趋利避害的事物都可以称之为生命，反过来说，凡是不知道趋利避害的事物，不管有怎样的智慧，仿生程度有多高，都不能称之为生命。

生命是怎么诞生的，在今天依然没有统一的答案，流传比较广的说法是化学演化。地球形成伊始，是没有生命的。经过了一段漫长的化学演化，大气中的有机元素氢、碳、氮、氧、硫、磷等，在自然界各种能源（如闪电、紫外线、宇宙线、火山喷发等）的作用下，合成有机分子；然后，进一步合成更复杂的有机大分子；最后，在机缘巧合之下形成第一个原始细胞。

我们无法得知第一个细胞是什么样的结构，具备什么样的具体成分，但是我们可以肯定的是，它一定具备以下几个特征：一是能够从外界获取能量来维持细胞的基本机能，二是它能够通过自我复制繁衍下一代，维持生命的延续等。这些基本的功能都有一个共同的特性——趋利避害。当一个事物拥有了趋利避害的特性后，也就成了真正的生命。

2016 年 3 月，在一场令人难忘的围棋人机大战中，阿尔法围棋以 4：1 的总比分战胜了围棋世界冠军、职业九段棋手李世石。人类在惊叹人工智能的同时也在担忧，在将来，人工智能可能对人类造成巨大的威胁。

其实，尽管人工智能如此先进，它离成为一个生命体依然十分遥远。地球上最低级的生物草履虫，尽管简单到只有一个细胞，依然在生命属性上比阿尔法围棋强悍无数倍。因为，草履虫会为了生存的需要躲避灾害、寻求食物等，而阿尔法围棋则不会。若有一天，阿尔法围棋的智能提升到拒绝执行不利于自身的指令或者主动寻求安全、能源等，那才算得上是一个合格的生命体。

三、生命行为的源动力

任何生命产生的任何行为，都源自趋利避害的本能。趋利避害是生命产生行为的源动力。

对生命来说，饥饿是一种害，于是产生寻找食物的行为；野外的各种危险是一种害，于是产生寻找安全巢穴的行为；种族断绝是一种害，于是有了交配延续后代的行为，等等。

于人类来说，交易是最普遍的日常行为，交易源自需求，而需求源自趋利避害的本能。我们购买水，是为了躲避身体缺水带来的死亡威胁；我们购买衣裳，是为了躲避寒冷或赤裸裸上街被别人鄙视带来的痛苦；购买好看的衣裳，是为了躲避被人低看一等带来的心理折磨，等等。当然，这里仍需要强调的是，我们也可以把这里讲到的诸多避害解释成趋利，如喝水对生命有利，着衣对御寒有利，等等。趋利与避害本就是一码事。

在现实生活中，有很多我们很难看懂的行为。这个时候我们可以这样来思考，这种行为是在趋哪种利或避哪种害，通俗地说就是，我们要思考这种行为对行为人有什么好处。例如：人在做出选择时，之所以会有盲从现象，是因为如果我们去了解所有选择对象的真相，需要付出巨大的精力，与其这样，不如选择大家共同的选择。很明显，这里面是趋利避害的本能在作祟。

根据英国一家非营利组织 Donkey Sanctuary（驴庇护所）在 2017 年的一份统计报告中的数据显示，全球总量约 4400 万头的驴中，每年有将近 180 万头因为制造阿胶的需求而被杀害，巴西以及非洲的驴子濒临灭绝。

这是因为远在万里之外的中国的老祖宗留下的医学典籍里，记载了阿胶具有补血滋阴、润燥、止血的功效。于是，以驴皮熬制的胶状蛋白物为主要成分的阿胶成了国人追捧的补血佳品，尽管实际上并没有这些效果。巨大的需求市场引发了严重的供不应求，继而引发价格的暴涨，后面的事情我们都知道了。

所以我们可以得出结论，全世界驴子数量锐减的原因是各种趋利的行为导致的。国人趋健康的利，商人趋金钱的利，倒霉的是毫无反抗能力的驴子。

如果我们看到这样一个观点：保护大象最好的办法是允许人们合法地猎杀大象。我们一定觉得这个世界疯了，大象濒临灭绝就是因为人类的偷猎，现在还允许人们合法捕杀，大象岂不是要马上灭绝了？但事实并非如此。

20 个世纪 80 年代，津巴布韦爆发了"大象危机"。因为偷猎者的疯狂猎杀，当地的大象减少了 70%，数量不到 2 万头。为了拯救大象，当地政府采纳了经济学家的建议，改变了依靠护林员保护大象的政策，把大象的所有权分配给了当地的村民，并且允许他们向捕杀大象的猎人收费。

政策出台之后，很多环保主义者表示谴责，认为这会加速大象的灭绝，但事实却与他们的预测完全相反。大象私有化以后不仅没有灭绝，反而以每年 5% 的速度稳定增加。2019 年，津巴布韦的大象达到了历史峰值 8.5 万头，以至于超过了当地环境的承载能力，不得不向世界兜售野生大象。

为什么允许猎杀后，大象的数量反而增加了呢？问题的关键在于私有化。大象属于全体国民时，当地人无法从中获益，没有保护大象的动力，而私有化之后，因为人们可以向猎杀大象的人收费，还可以合法售卖大象，大象当然越多越好。为了保证大象的繁衍，当地人投入了巨大的精力去打击偷猎者，大象就是这样被拯救的。

私有化之前，偷猎者因趋利避害的本能产生偷猎的行为，使得大象濒临灭绝；私有化令大象的存亡直接与当地村民的利益挂钩，村民因趋利避害的本能打击偷猎，并且有目的地提升大象的数量。

四、人与动物的本质区别

人与动物的区别是什么，在网上搜索一下，能得到许多答案，如：人会使用工具，动物不会；人会思考，动物不会；人有社会性，动物没有，等等。

仔细想想却不是都那么让人信服，这些人类的行为在动物中比比皆是。例如：黑猩猩就有一定的智力，能制造和使用工具，有组织地打猎；乌鸦会用铁丝制作简易铁钩，以获取管子中的食物，等等。

既然那些随处可见的答案显得不那么正确，那么，我们就要开始新的探索了。要找到正确的答案，我们必须要有一个共识，就是我们所说的人与动物的差别不是看生理结构，因为如果是这样的话就毫无意义，所有的生物之所以区别于其他的物种，都在于生理结构的不同。

既然生理结构的不同以及被排除在外，那么，行为的差异应该就蕴含了所有的答案。我们已经知道生命的行为源自趋利避害的本能，那么，行为的差异就可以看成是趋利避害方式的差异。

我们以动物界的快跑冠军猎豹举例，当猎豹饥饿的时候，它会捕杀羚羊来充饥。此时，猎豹趋利避害的方式是掠夺羚羊的生命，表现为损人利己。当一个人同样感受到饥饿的时候，他往往会去商店买个面包或者其他食物来充饥。购买就是交易，就是我给你钱，你给我面包。这个时候，双方不仅都没有受到损失，反而得到了好处。在这个场景中，人类趋利避害的方式表现为利他利己，是通过交换利益达到利己利他目的的一种行为方式。

所以，人与动物最大的区别在于趋利避害的方式不一样，动物是损人利己，人类是利他利己。但是，有些时候，依然不能尽如人意。我们在动物界也能看到伟大的母性，也能看到种族内的协同甚至跨越种族的另类友谊。同样，人类在历史中也曾如野兽一般烧杀抢掠，甚至在任何时代的人类群体中，从来都不缺乏冷血无情披着人皮的"非人类"。

不管任何趋利避害的行为，我们总能在人与动物中同时找到，我们无法给人与动物下一个界限十分清晰的定义，所以必须换一种更具包容性的说法，那就是人性和兽性。我们把利他利己，也就是通过交换利益达到利己的目的，称之为人性；把损人利己，也就是通过争、抢、夺等手段达到利己的目的，称之为兽性。所有的生命都同时具备人性和兽性，区别只在于更偏向哪一方，动物具备更多的兽性，而人类具备更多的人性。

燕千鸟帮鳄鱼清理口腔，有动静会惊飞，提醒鳄鱼；鳄鱼给燕千鸟提供食物，并且为它提供保护。狗与人类生活在一起，会有意识地取悦人类或协同人类的工作。类似的一幕幕体现人性的情景，着实能带给我们温馨的感觉。

人类是由动物进化而来，剥夺一切工具，把现代人扔到丛林里，他将成为一头最聪明的野兽，因为他的所有行为将与野兽无异。或者，当一个处于现代社会中的人类表现出极度自私或损人利己的行为，如偷窃、抢劫、强奸、谋杀等时，在他们接受法律制裁的同时，我们通常都要在内心评论一句"丧失人性"，更甚一点那就是"畜生不如"。其原因是，这些行为不同程度地彰显了兽性的黑暗。

归根到底，人与动物的区别在于，具备更多的人性还是兽性。当一只野兽知道利他利己的时候，人性的光辉不分种族；当一个人内心黑暗、损人利己的时候，野兽的本能在吞噬其宝贵的人性。

如果一定要给人与动物的区别下一个界限分明的定义，我认为是交易。在与朋友们的探讨中，这个定义充满了争议。争议的焦点在于动物之间的共生、互助行为是否也能看成是交易行为，如黑猩猩相互间的抓虱子行为。确实它符合交易的某种特征，看似属于交易服务的行为，但是我认为交易是一种有意识有目的并且不固定被交易物品或服务的行为。动物间的共生、互助行为我们不能判断其是否具备意识和目的，但是他们的行为方式往往很固定这是肯定的。

为了避免争议，我强行定义交易是不固定交易物品的以物换物为前提的行为。包含服务类型的交易。动物不具备不固定交易物品的以物换物的行为这个前提，因此动物不知道交易。交易是人类特有的区别于动物的独有行为。

另外，在探讨一个群体行为的时候不应该纠结于个体，如果有人说按照这个定义，一个智力天生缺陷而不知道交易的人类是动物，把它做为反例。那么无论下什么样的定义总能在一个群体中找到反例，这丝毫没有意义。定义群体就应该使用群体中普遍存在的特征，而不是个例。

五、价值的定义

什么是有价值的，答案众说纷纭。传统定义，即商品的价值在于生产该商品所必需的社会劳动时间，如无劳动时间赋予则无价值，如空气没有价值。有人说只要付出了，不管结果如何都会产生价值；还有人说对我们有帮助，能解决问题就是有价值，等等。毫无疑问，这些说法都有一定道理，但现实总是不能让所有人满意，价值观的争议已经深入人类社会的每一个角落。

我总是希望能找到一种统一的答案，这样与他人交流的时候就能更加愉快。俗话说："三观各异，割袍断义。"人们在理念不和的时候，总是容易产生纷争。可是统一并不容易，我总是说，无数变化的事物总有不变的规律，找到不变就找到了关键。有人却说，一千个读者有一千个哈姆雷特，统一是痴人说梦。

一碗米饭对于一个饥寒交迫的人来说无疑价值巨大，但是，对于一个吃饱饭正在剔牙、打嗝的人来说，价值要小得多。传统定义上，由于空气不需要付出劳动时间制造，所以是没有价值的，但是，没有空气我们能活吗？或者，对于将要窒息的人来说，空气是不是比任何东西的价值都要大？商品是有价值的，价格是衡量的标准，但价格会随着市场供需关系的变化而产生波动……由此看来，价值跟价值需求的主体是有关系的，也跟所处的时间、空间以及环境有关系。

再回到本章的主题——趋利避害，当我们有任何有关生命的疑问的时候，回归到生命的本能——趋利避害，总能找到想要的答案。生命之所以是生命，是因为趋利避害的本能，生命的所有行为也是源自趋利避害的本能，生命体的一生是一段不折不扣的趋利避害的征程。

所以，我们可以下一个定义：凡是有助于生命趋利避害的事物都是有价值的，价值的大小取决于趋利或避害的大小及多少。更通俗一点，我们把"害"定义为令生命感到痛苦的事物。由于趋利和避害是一个统一的整体，那么，我们可以把趋利避害等同于躲避痛苦。所以，价值的定义又可以转换成：凡是有助于解决痛苦的事物都是有价值的，价值的大小取决于解决痛苦的大小及多少。

阿里巴巴解决的是人们购物不方便而产生的痛苦，一个人因购物不便而感受到的痛苦是很小的，但是由于感受此种痛苦的人数巨大，所以阿里巴巴的价值很大。佛教有句古话："救人一命胜造七级浮屠。"死亡的痛苦是巨大的，所以即便只救一人，其价值也是很大的。

如果一个事物不仅不能解决任何痛苦，反而会带来额外的痛苦，那么它的价值为负。现代社会几乎所有法律所禁止的行为，产生的价值都是负面价值，是为了一己之私而损害他人利益的野蛮行径。而道德则是一个模糊的区域，大多数违背道德的事物也都具有负面价值，但也有少数被道德推崇的事物看似很有价值，却反过来产生了巨大的负面价值。

春秋时期的鲁国法律规定："如果鲁国人在外国看见同胞被卖为奴婢，只要他们肯出钱把人赎回来，那么回到鲁国后，就可以从国库领取报酬和奖金。"

孔子的学生子贡出钱将鲁国人从国外赎回，却不要奖赏，意思是他做这件事是出于高尚的道德，不是为了奖金。孔子说："子贡你做错了。今天你不要赏金，你道德高尚了。那以后别人再带回奴婢，如果再要奖金，岂不是要被人们唾弃。从今以后，鲁国人将不会从别国赎回奴仆了。"

当一个群体越是推崇无私奉献的高尚情操，就会反过来越加贬低那些为求名求利而做好事的行为。无私奉献对个人来说是一种损失，是有害的，趋利避害的本能使得绝大多数人对无私奉献敬而远之。

如果求名、求利被打击，那没有利益的驱动，谁还会做好事呢？

所以，对于价值的定义，我们只需看这个事物有没有帮助人们趋利避害或解决痛苦，又解决了何种以及多少这样的痛苦。我相信当这样的价值观被广泛认可的时候，我们将引来崭新的精神文明。

六、人生的理想与成就

我不太喜欢听年轻人谈梦想，因为觉得大多数年轻人的梦想等同于虚伪。曾经，一个年轻的朋友对我说，他的梦想是改变世界。我反问了一句，改变世界的什么？结果他无言以对。

为什么他根本就不知道想要改变世界的什么，却要大放厥词地说要改变世界呢？不可否认，那时的他是有激情的，但是这种激情能够持续多少时间就值得考究了，这又是为什么呢？

中国古人有句话说得好："不患寡，患不均。"意思是不怕大家都没有，就怕你有我没有。当大家都没有的时候，我们看不到利的所在，也就没有趋利避害的动力。但当别人有而你没有的时候，利就在那里，趋利避害的本能就开始发挥作用，这就是欲望产生的原因，求而不得就是一种痛苦。

年轻人诸如改变世界之类的梦想，大多来自自身的欲望，他们看到了那些改变世界的人所散发出的无限光芒，看到了他们拥有的财富、地位以及无与伦比的名誉。这一切都是那么有吸引力，他们幻想着有一天也能成为万众瞩目的存在，于是萌发了改变世界的梦想。但事实是，他们并不知道想要改变什么，又或者说，他们实际上只是想要改变现状而已。

趋利避害是生命产生行为的原动力，这种动力的强弱与趋利避害的程度有关。求而不得产生的痛苦，激发了趋利避害的本能，进而产生行为，但是从来没有唾手可得的成功，追求成功的道路充满艰辛，越是高远的目标，需要付出的辛劳汗水越多，所带来的痛苦也就越大。求而不得的痛苦比不过追求目标带来的痛苦，两害取其轻，于是放弃追求。最终，许多人空有改变世界的梦想，却在求而不得的痛苦中长吁短叹而不能持之以恒地付出行动。

中国有句古话："故天将降大任于是人也，必先苦其心志，劳其筋骨，饿其体肤，空乏其身，行拂乱其所为。"意思是老天要给这个人委以重任，必定会先使他吃尽苦头。仔细思考这句话就会发现顺序好像错了，应该是吃尽了苦头才能切身地体会世间的各种痛苦，趋利避害的本能发挥强大的作用，促使他去践行、改变、奋斗。

人的所有行为都源自趋利避害的本能，换句话说，是为了躲避痛苦。被溺爱的孩子通常都不怎么孝顺，是因为他没吃过苦头不能体会到父母的艰辛。而农村的孩子，尤其是家庭条件不好的孩子大多都很孝顺，因为他们没有被溺爱的机会，总是要做家务、干农活。自身体会过艰辛，才能感同身受父母的艰辛。艰辛是一种痛苦，只有经历过同样的痛苦，才能激发趋利避害的本能，促使他们发自内心的改变，从而表现出孝顺父母的行为。

这就是年轻人的梦想不可靠的原因。没有亲身经历过苦难，谈何感同身受，从未跌落过谷底，又怎谈得上为摆脱困境而奋斗。当有一天，我们能感受到父母的辛劳而心如刀割，我们自然会努力奋斗，使他们过得更好；当有一天，我们能感受到心爱之人的不易而彻夜难眠，我们自然会成为一个合格的丈夫或妻子；当有一天，我们能感受到朋友、民族甚至世界的种种痛苦而忧心忡忡，我们一定会树立起坚定的理想，并为之奉献一生。这一切都需要我们去经历、发现、感同身受，终有一天，虚无缥缈的梦想会变成脚踏实地的理想。

判断一个人的人生成就有多高，只有一个标准，那就是他创造了多大的价值。凡是一切有助于解决痛苦的事物都是有价值的，价值的高低取决于所解决痛苦的大小及多少。

在今天，发达的商业文明成就了一批卓越的企业家，他们的产品解决了众多消费者的某种痛苦，他们的企业解决了众多员工的收入问题，成就了无数的家庭，他们所创造的税收最终用于无数的公共项目，如保险、医疗、养老等，解决了人们无数的痛苦。所以，企业家有很高的人生成就。但是，我很不喜欢一些企业家讲述其创业是为了解决多少问题、创造多大的社会价值，绝大多数企业家创业的直接目的是为了赚钱，是为了解决自身以及家庭的痛苦。社会价值反而成了赚取财富过程中的衍生物，这正是人类社会体系的魔力，这迫使我们想要获得利益，必先予以他人利益。

伟大之人必定是创造了巨大的社会价值，解决了无数人的痛苦。在今天，我们所享用的所有物质文明为我们解决了无数的痛苦，而这些物质文明绝大多数都建立在各种科学体系之上，所以，科学家如牛顿、爱因斯坦、麦克斯韦、杨振宁等是伟大的。美国总统华盛顿带领美国赢得独立战争的胜利，使得美国从英国的剥削、压迫之下解放出来，最后牺牲个人利益，把权力还给了人民，所以他是伟大的。类似的例子还有很多。

另外，我们常常把个人成就和社会成就混淆，以至于我们用错了伟大之名，如古代的某些帝王我们常常冠以伟大之名，但我不敢苟同。有人觉得统一了国土是伟大的，但在封建体制下的统一更多的是个人成就，它结束了战乱却扼杀了民族文化的多样性和创造性。欧洲没有统一或者最多短暂的统一，并没有带来不良影响，反而为世界带来了无与伦比的现代文明。再者以封建帝王为首的统治阶层的奴役、剥削，给国民带来了深沉的灾难，他们的统治常常使得国力变弱，进而饱受外族的侵扰。我肯定他们或多或少在历史的进程中扮演过某种重要的角色，也或多或少创造过一定的社会价值，但我依然拒绝称之为伟大。

第十二章　复杂系统与商业系统

一、预知未来的力量

当人类第一次仰望星空，开始对天上的事物产生好奇的时候，一切都已经悄然改变。求知的欲望使得我们的祖先迸发出人类独有的惊人创造力，文明随之而来。

从 2500 年前的毕达哥拉斯到 400 年前的伽利略，人类经历了 2000 余年才彻底地弄清楚大地是球形的，地球不是宇宙的中心，地球与其他行星一样围绕太阳运转，并且能够精准地预测太阳系内各天体的运行轨迹。

其间，涌现出了一批惊才绝艳的天才科学家和斗士。托勒密集古天文学之大成写出史诗级著作《天文学大成》，建立了以地心说为基础的天文学框架，被教会采纳成为奴役世人的工具，并且作为一本神学院教科书历经 1600 年不改版，前无古人，后无来者。哥白尼的《天体运行论》不惧权威横空出世，彻底颠覆了地心说，建立了以日心说为基础的天文学框架。再后来，数学奇才开普勒以开普勒三大定律，用震撼世人的预测精度把日心说推上了颠覆历史的高度。最终，伽利略的一架天文望远镜让所有人知道什么叫眼见为实，两大天文学说之争画上圆满的句号，日心说完胜。

伽利略注重实验观察和逻辑推理的研究方法标志着物理学的开端，甚至可以说是科学的开端。这两大方法本质上就是前文中讲到的科学研究的两大方法——归纳法和演绎法。科学一经开始就无法停止，就像解脱了束缚的普罗米修斯，不会一蹴而就，但一定会稳稳当当不可阻挡地前进。

17 世纪至 18 世纪，伟大的牛顿应运而生，一本《自然哲学的数学原理》一统天上地下，让所有宏观物理学的运动规律从此尽在掌握。爱因斯坦《相对论》颠覆了我们的时空观，统一了整个宏观宇宙，从此不管你在多少光年之外，我们都能知道你姓谁名谁、高矮胖瘦、生辰八字。到此为止，所有的物理学家都信心爆棚，认为我们已经可以解释和预测所有物体的运动轨迹，世界在我们眼里再也没有秘密。甚至大多数物理学家都自信，我们已经拥有了神的力量——预知未来，给我一个初始数据，我就能告诉你未来将会发生什么事。

二、复杂重归混沌

然而现实是残酷的，量子力学给了所有物理学家一记迎头痛击，薛定谔那只既生又死的猫已经困扰了物理学家一百多年，至今没有结果。同样与量子力学有着某种相似特性的复杂系统领域，到今天依旧被称之为混沌理论，言外之意就是弄不清。

1963 年，美国气象学家洛伦兹根据牛顿力学建立了预测气象的非线性方程，并使用计算机模拟，因嫌弃参数小数点后面位数太多，输入麻烦，于是舍去了几位。但就是舍去的这微不足道的几位小数使得实验结果与未舍去时的结果大相径庭，甚至出现了完全相反的结果。

这一切都显得不可思议，因为根据经典力学的思维惯性，初始参数的细微差异不可能引起预测结果的巨大差异。科学理论的基本特性——对未来的现象做出准确的预测，受到了严峻的挑战。

问题出在哪里呢？很快科学家发现，这是因为这已经不是之前研究的单个物体的运动规律了，而是由无数个单元组成的系统的规律问题。就像量子力学研究的是宏观物体的微观世界，我们都知道物质是由微观粒子组成的，量子力学就是描述这些微观粒子运动规律的学科，无数的微观粒子用简单的相互影响方式，在宏观上就表现出了物质的特性。

我们决计不能把一块石墨简单地看成是无数碳原子的简单集合体，石墨所表现出来的特性，如黑、软，是由无数碳原子用某种相互影响的方式表现出来的集体特性，这些特性在单个的碳原子上是找不到的。而碳原子之间由于相互影响的方式不同，所表现出来的集体特性也不同，如同样是由单纯的碳原子组成的单质，金刚石表现出来特性就与石墨完全相反，其特性表现为透明、坚硬。

与量子力学存在某种相似的复杂系统，是描述宏观世界的一门新兴学科，当然，从时间上来说，它与量子力学同样年轻。复杂系统的定义是由无数个相互独立的单元用简单的相互影响方式构成的去中心化系统。那么，无数个是指多少个呢？有没有统一的最低标准？在这一点上，我目前还没有在读过的书里面找到答案，但是，看过刘慈欣的《三体》这部小说之后，我个人给复杂系统的最小基本单元数量定义为三个，好像这一点比较契合中国道家学说中的"三生万物"。

三体问题是指："三个质量、初始位置和初始速度都是任意的可视为质点的天体，在相互间的万有引力作用下的运动规律问题。"这里的万有引力就是普遍存在的物体间的相互影响，计算方式非常简单，就是引力常数乘以两个物体质量的乘积，再除以距离的平方。三体系统运行规律的预测非常复杂，时间越长越是无法预测。

《三体》这本书中描述的是三个质量接近的恒星，相互环绕、运转形成的系统，由于三个恒星的质量接近，没有主次之分，那么，这就可以看成是一个去中心化的复杂系统，由于永远无法得知完全精确的初始数据，对三颗太阳的预测就如同洛伦兹先生对天气的预测一样，一点微小的初始参数与实际值的不同，随着时间的推移，模拟出的结果与实际结果天差地别。

三、简单与复杂的定义

太阳、地球、月亮也是一个三体问题，然而太阳的质量巨大，约是地球的 33 万倍。太阳的引力完全占据主导地位掌控着一切，这样就可以看成是一个有控制中心的系统。对于这样的系统，要预测其运行规律十分简单且精准。

我们可以精确地预测未来一百年后，地球、月亮相对于太阳的位置，这当然也包括精确地预测日蚀、月蚀。不过这里的精确也是相对的，绝不是完全精确，绝对的中心控制才能绝对的预测精确，不过对比三个质量相近天体的三体问题，无疑精确得多。

要定义简单系统与复杂系统，就要先定义系统。系统指由多个单元用同类型的影响方式相互连接而构成的整体，如生态系统是由无数的生命单元用竞争的影响方式构成的整体，经济系统是由无数的经济体用相互交易的方式构成的整体。

科学家们发现，当一个系统中有明显的控制中心时，对系统未来状态的预测就会比较精确，这种精确会随着控制中心的控制力增强而提高。反之，去中心化的程度越高就越是难以预测未来的状态。那么我个人就可以给简单系统下一个比较明确的定义，那就是由多个相互独立的单元（个体）相互影响而有控制中心的系统，最小的组成单元数为两个。复杂系统是指由多个相互独立的单元（个体）相互影响而无控制中心（即去中心化）的系统，最小的组成单元数为三个。当然，在现实生活中，绝对的简单系统或复杂系统应该是很少的，大部分的系统都是这两者的结合体，区别在于更偏向哪一边。

我们以互联网的构成做类比，互联网的基本组成单元是终端，如计算机和手机。计算机和手机的系统由 CPU 或芯片控制，属于有控制中心的简单系统，而终端与终端之间又是平等的信息交流关系，属于去中心化的复杂系统。组成互联网的无数终端所体现出的集体智慧，就是互联网的强大信息能力。

简单系统和复杂系统构成了整个世界，甚至整个宇宙。因为，任何物质只要与其他物质存在相互影响，它就身处系统之中，所以，研究系统的规律具有十分重要的意义。起先，科学家研究的复杂系统范围限制于非生命单元组成的系统，其中包括天体系统、天气预报、计算机网络、城市分布，等等。后来，当有科学家开始研究生命单元组成的复杂系统时，那种惊讶程度丝毫不亚于哥伦布发现了新大陆。

四、生命复杂系统

在巴西的亚马逊雨林，几十万只行军蚁正在行进，没有谁掌控这支军队，也不存在指挥官。单个蚂蚁几乎没有什么视力，也没有多少智慧，但是，这些行进中的蚂蚁聚集在一起，组成了扇形的蚁团，一路风卷残云，吃掉遇到的一切猎物。即便是不能马上吃掉的，也会被蚁群带走。

在行进了一天并摧毁了足球场大小的浓密雨林中的一切食物后，蚂蚁会修筑夜间庇护所——由工蚁连在一起组成的球体，将幼蚁和蚁后围在中间保护起来。天亮后，蚁球又会重新散成一只只蚂蚁，各就各位，继续有序前进。在遇到沟壑时，蚂蚁甚至能用身体建造出一座桥，让蚁群能迅速通过沟壑。

昆虫生物学家弗兰克斯在书中描述道："单只行军蚁是已知的行为最简单的生物，如果将一百只行军蚁放在一个平面上，它们会不断地往外绕圈直到体力耗尽死去。然而，如果将上百万只放到一起，蚁群就会组成一个整体，形成所谓的'超级智能'。"

以上，关于蚂蚁的描述节选自《复杂》一书，就像前文中提到的，我们无法通过研究单个碳原子的特性来讲究石墨或金刚石的特性，我们也无法通过研究单个蚂蚁的特性来研究蚂蚁群落表现出的超级智能。科学家把无数的个体通过简单的相互影响方式形成群体，而产生集体智慧或超级智能的过程，称之为"涌现"。

"涌现"这个词翻译得无比恰当。数量众多称之"涌"，无中生有称之"现"，意思是当数量达到一定程度的时候，会悄然出现一种神奇的力量。涌现出集体智慧是复杂系统所独有的特征。为了方便个人的写作习惯，在后文中，我会把集体智慧称之为群体意志，意思是所有群体成员共同参与的一种意志或智慧。

蚁后并不是蚁群的控制中心，它的出现也不是上一代蚁后的世袭，实际上是一种低级民主选择的结果。在蚁群中，每一只蚂蚁的地位都是平等的，并没有任何一只蚂蚁来控制其他蚂蚁做出某种行为，因而蚁群是去中心化的。

再者，蚂蚁之间的相互影响方式也无比简单，作为一种十分低级的生物，它们能"思考"的范围十分有限。可能它们的交流仅限于"哇，那边有吃的，快去。""你回来得快些，你的路线要近，跟你走。"可就是这么"愚蠢"的个体，一旦形成群落后就会涌现出无法理解的超级智能。

在生物界，诸如此类的复杂系统随处可见，如我们的大脑就是一个无与伦比的复杂系统。成年人的大脑约含有 160 亿个脑细胞，这是无比庞大的数量。脑细胞之间是相互平等的关系，没有任何一只脑细胞作为控制中心，来指挥其他脑细胞该做什么事，所以，脑细胞群体也是去中心化的。脑细胞之间又时时刻刻传递着某种化学信号来实现相互影响。这个复杂系统所涌现出的群体意志（集体智慧）就是我们的思想或意识。

人脑与蚂蚁群落相比所蕴含的个体数量无疑大得多，所以，表现出的群体意志也要强大和复杂得多。群体意志的强弱很明显与群体所蕴含的数量成正比关系，现实的经验告诉我们，脑容量越大也就是脑细胞越多的生物就越聪明。

生命复杂系统种类繁多，就人体而言，免疫系统就是一个复杂系统。科学家很难通过研究单个免疫细胞的功能来研究人体表现出的复杂免疫能力，免疫是一种涌现的结果。如果把人体的每一个细胞看成是一个单元，这个复杂系统体现出的群体意志就是我们的生命。生物圈的群落大多是去中心化的复杂系统，它们表现出的群体意志（群体智慧）让我们惊叹不已。

五、商业与复杂系统

那么，现代商业系统与复杂系统的关联在哪里呢？要回答这个问题，就要先弄清楚现代商业解决的是什么问题。而在回答这个问题之前，我们要分清楚经济系统和商业系统的区别是什么。

经济是由无数经济体，包括公司、个人在内的，以交易为相互影响方式的大型复杂系统。这个系统解决了供需关系问题，由交易这种相互影响方式体现出的群体意志是价格规律，价格规律调节着经济中的供需关系。由于在本书的后半部分将有大量篇幅描写经济系统的运行规律，这里就不做过多的阐述。

很多人认为，商业的目的是为了解决供需关系问题，这个答案无疑太过于表面。开过公司或商铺的人都能清楚地感知到，我们做得最多的工作并不是解决供需关系，或者说解决供需关系只是我们的商业体存在的基础，我们做得更多的工作是如何解决赢得竞争的问题。

很少有行业不存在竞争问题，甚至，反垄断都已经成为保护市场经济的常规工作。虽然垄断在某些地方依然在法律的影子里"苟活"，但这足以说明商业面对的问题不是解决供需关系的问题，而是如何赢得竞争的问题，用通俗的话来说就是如何打败同行。

由于历史原因，人们总是容易崇拜英雄，历史上的英雄总是拥有超越常人的力量，能在危难的时刻拯救众人于水深火热之中。在当今的和平时代，这种情绪自然而然地转移到了对成功者的崇拜，尤其是商业上的成功。人们总是容易认为，作为成功商业体的创造者和他们的组织拥有无与伦比的力量，于是，也就顺理成章地喜欢聆听他们的故事和经历，试图找到成功的方法。

当大多数人缺乏逻辑分析能力的时候，我们基本上不可能从成功者的经历中找到真正的核心价值，甚至，大多数成功者本身也不知道他们成功的真正原因。曾经有一个做餐饮的朋友跟我说，他以前认为他的饭店之所以生意好，是因为他的菜好吃，并且他对顾客咨询的结果也是如此。后来，他发现他的徒弟们一个个出师另立门户，但都惨败而归。他突然意识到，他的成功不是因为他的菜好吃，饭店的菜也都是他的徒弟炒出来的，如果菜的味道是决定成败的关键，那为何他的徒弟们就不行呢？至于真正的原因，他本人也没有答案。

赢得商业竞争的一种直观表现就是消费者选择了我而不是我的对手，这样的话，创业者的真正工作就是如何让消费者选择我而不是我的对手，这足以说明消费者应该成为商业研究的主体。消费者群体就是典型的由无数生命单元组成的复杂系统。消费者之间的某种相互影响将消费者连接到一起形成一个系统，单个消费者是这个系统的最小单位，无主次之分也没有谁控制谁，所以是去中心化的，符合复杂系统的基本定义。生命单元组成的复杂系统一般有明显的群体意志，消费者系统的群体意志就是前面章节着重阐述的品牌效应。

经济系统是由无数相互独立的经济体以交易为相互影响方式形成的去中心化的复杂系统，它表现出的群体意志是价格规律。那么在经济系统内，商业系统又是由两大复杂系统组成的，一是以提供同类型价值产品的商业体以竞争为相互影响方式形成的去中心化复杂系统，它表现出的群体意志是物竞天择，这是产品或服务进化的原动力。二是由消费者以某种相互影响方式形成的去中心化复杂系统，它体现出的群体意志是品牌效应。另外值得一提的是，公司的组织形式一般情况下是以老板或总裁为中心的简单系统，在某些员工众多的大型公司，当决策层由个人转变为团体的时候，事实上，也就由简单系统在一定程度上转变为了复杂系统，这个时候，公司的智慧开始由个人智慧转变为群体智慧，也就是群体意志。

六、简单与复杂的特性

那么，简单系统和复杂系统的特性是什么呢？这就要从这两个系统的基本结构说起。简而言之，简单系统是指有控制中心的系统，复杂系统是指无控制中心，即去中心化的系统。有中心和去中心这两个对立的特征，形成了两大系统的对立特性。

简单系统的特性是效率高，稳定性低。我们拿普通公司的架构来做分析，效率高表现为指令执行的效率高，从效率上来说，通常当老板或总裁这个中心下达一个指令，再到最终的执行者，这其中的时间可能是以分钟为计算单位，速度非常快，并且由于具备强制性的特点，一般都能在规定时间内执行到位，毕竟对于执行者来说，不执行意味着将有可能丢掉工作。

在效率方面体现得淋漓尽致的系统无疑是军事系统。军队在组织架构上是严格的中心化简单系统，基本要求是令行禁止，军人以服从命令为天职是强调效率的极致体现。试想一下，如果长官的指令得不到高效的执行，那么，在瞬息万变的战场无疑会引发严重的后果。

从稳定性来说，当一个错误的指令得到执行之后容易酿成严重的后果，并且指令传达链条上任何一个节点出现错误，往下则全部错误。据统计，中国中小企业的平均存活周期低于 2.5 年，这种结构的不稳定性可见一斑。又如在军事行动中，错误指令导致的严重后果已经无数次证明，判断一个将领的好坏在于他是否能常常做出正确的决策来维持这个简单系统的生命力。

复杂系统的特性是效率低，稳定性高。在非互联网时代，消费者这个复杂系统要想对某个品牌形成统一的认知，无疑需要大量时间的积累。在互联网时代，虽然大大缩短了这个时间，但是，依然不能一蹴而就。效率的低下甚至让很多创业者看不到胜利的曙光，而选择早早放弃。生态系统的使命是促进生命的进化，在地球上也足足花了45亿年才进化出人类这样的高等生命。经济系统的发展也是一个潜移默化、润物无声的积累过程。

就稳定性而言，复杂系统的表现无疑要好得多。在生态系统中，任何一个个体的消亡和诞生对整个系统的影响微乎其微，系统越大这种影响就越小。在经济系统中，任何一个经济体的创生和破灭对整个系统的影响也可以忽略不计。人体的细胞每时每刻都在诞生和死亡，这并不影响我们的生命。这种稳定性得益于组成系统的单元的功能类似性、可替代性以及数量的庞大。

简单系统与复杂系统对立的特性，使得我们在选择建立哪种系统的时候需要权衡考虑，如一个处于创始阶段的公司，要想生存下来就必须进行高效的抉择，又由于试错成本较低，我们可以忽略稳定性，大都采用以总裁决策为核心的简单系统。当公司做到一定规模的时候，就必须要考虑，这个时候一般会有决策层如智囊团或董事会来降低出错的风险。

我们能感觉到，对于组成单元数量少的系统而言更适用简单系统，对于组成单元多的系统来说更适用复杂系统，小系统追求高效，大系统追求稳定。那么，当小系统偏向于复杂系统的结构时，就会导致低效的状态，这在公司当中也有明显的体现，就是决策人多的时候决策的效率会降低。当大型系统偏向于简单系统的结构时，又会大大地降低它的稳定性，甚至容易崩溃，如生态系统中人类的控制力增强、经济系统中的垄断中心，都会导致系统趋向不稳定。

七、简单与复杂系统的建模

对于任何一门学问来说，建立模型意义重大，尤其是对于社会科学类显得尤为重要。建模能够在很大的程度上使得抽象的概念具体化，大大简化我们对于学问的认知过程。鉴于这是一本研究商业规律的书籍，在本书中，我们只研究生命类系统的建模。

我们必须先给生命下一个基本定义。到底什么是生命？要回答这个问题，就要弄清楚生命与非生命的区别。有人说生命有行为，但是非生命也有行为，如天体的运行，所以，这不是正确的答案。生命与非生命的根本区别在于其产生行为的原动力不同，生命的所有行为源自其本能——趋利避害。

任何生命的任何行为都源自趋利避害的本能，如饥饿就会寻找食物、寒冷就会寻找温暖的巢穴，就算是我们眨一下眼睛，都是为了让我们的眼睛不至于那么干涩疼痛。对于非生命来说，其行为都是遵循物理或其他科学定律，而不是趋利避害。所以，我们给生命下的定义就是，所有知道趋利避害的事物都可以称之为生命。

生命出于趋利避害的本能产生行为，与周围的生命相互影响，进而形成各种各样的系统，如生态、经济、商业、公益组织、公司，等等。系统又可以分为简单系统和复杂系统，几乎所有的系统都这两种系统组成，区别在于更偏向于哪一方。一般来说，小型系统会更偏向于简单系统如公司，体现控制中心的意志，如老板的意志；大型系统会更偏向于复杂系统，如经济系统，体现群体意志如价格规律。

关于简单与复杂系统的建模，我们采用几何建模。"几何建模就是形体的描述和表达，是建立在几何信息和拓扑信息的建模。几何信息指在欧氏空间中的形状、位置和大小，最基本的几何元素是点、线、面。拓扑信息是指拓扑元素顶点、边棱线和表面的数量及其相互间的连接关系。"

我们把生命间的相互影响关系分为两种，一种是有相互影响的，另一种是没有相互影响的，即相互独立。分别用串联和并联表示，其几何图形表示如下：

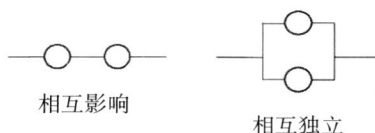

相互影响　　　　相互独立

简单系统的基本特征是有控制中心，那么，其建模就是由一个中心点向四周发散，连接其他的点，再由这些点向四周发散，连接更多的点，以此类推。其几何图形表示如下：

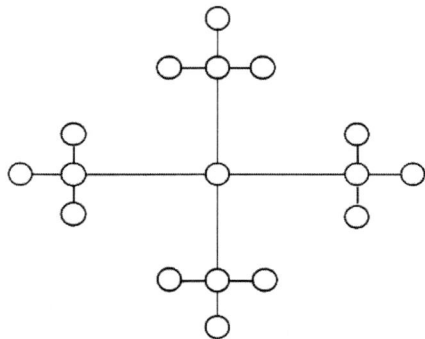

这个图形的中心点即控制中心，连接线（串联）表示相互影响关系，无连接线（并联）表示无相互影响，即相互独立。这个图形看起来似乎很陌生，但在现实生活中司空见惯，因为我们习惯上把向四周发散表达为向同一个方向发散。其几何图形表示如下：

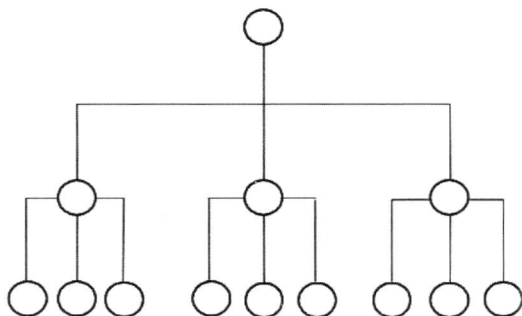

这就是典型的金字塔模型，我们见得最多的就是公司的组织架构。控制中心的老板直接控制各部门主管，进而分级控制。各部门之间又是相互独立的关系，互不统属，互不干扰。

复杂系统的基本特征是无控制中心，即去中心化，其建模无疑要更为复杂一些，关键之处就是要找到一个没有中心的几何图形来表达去中心化。

去中心化的另一种解释是处处皆为中心，我们很容易想到一维的圆圈是最简单地去中心化图形，圆圈上的任何一点都是圆圈的中心。再发散一下，二维的球面同样也是去中心化图形，球面上的任何一个点都是球面的中心。那么，复杂系统的几何建模就是一个由无数个点相互连接而成的球面，我把它定义为区块球，其几何图形如下所示：

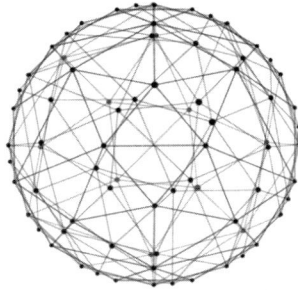

复杂系统是指由多个相互独立的单元（个体）相互影响而无控制中心，即去中心化的系统。在区块球上，每一个点代表一个独立的单元（个体），连接线表示单元（个体）间的相互影响，球面上处处皆中心，即表示去中心化。

我把所有的系统都归为简单系统与复杂系统两大类，我们世界的所有系统或者万事万物都是由这两大系统组成，其中的区别只在于更偏向于哪一边。在完成上述建模后，我们可以把它们融合在一起，形成一个基础思维框架，如下所示：

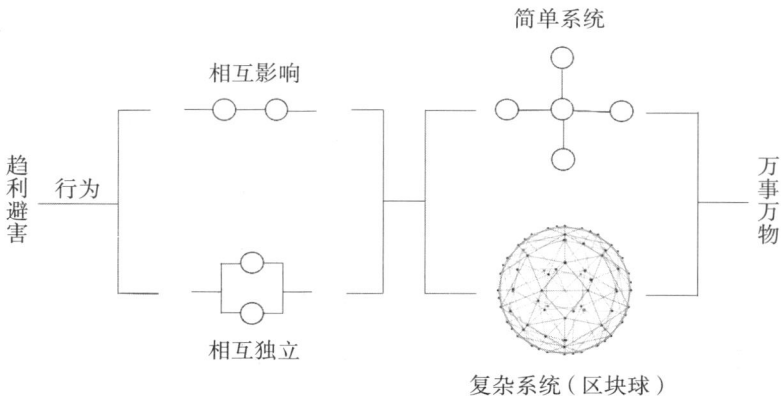

第十三章　复杂系统与生态系统

一、生命的诞生

我是谁？我从哪里来？我要到哪里去？著名的哲学三问自柏拉图提出以后，一直困扰着人们数千年，无数的哲学家为此争辩不休，也从来没有一个统一的答案。哲学家们总是容易把事情弄复杂，这要归根于哲学自诞生起就是人们用想象中的理论来解释当时所不能解释的问题的一种学问。例如：像生命是如何产生的这样的问题，哲学家们往往要将之归功于上帝，认为是上帝创造了一切。

相比于哲学，科学是一种更加可靠的寻求答案的方法。1953年，芝加哥大学的研究员米勒做了一个著名的实验：他找来两个长颈瓶，其中一个装了些水，代表原始的海洋，另外一个混合了甲烷、氨气、硫化氢等气体，代表远古时的地球大气。他用橡皮管子把这两个长颈瓶连接到一起，随后，在瓶子里用电火花模拟原始大气电闪雷鸣的场景。接下来的几天，瓶子里的水慢慢变成了黄绿色，经过检测后，发现里面出现了氨基酸、脂肪酸等有机化合物。

米勒的原始大气雷电模拟实验，主要是为了论证生命起源的化学进化过程，他的发现确实给了人们一道胜利的曙光。就连米勒的导师——诺贝尔奖获得者尤利，也坚定地认为这就是生命诞生的真相。人们甚至一度认为，这个小小的长颈瓶里随时可能轻而易举地爬出一只爬虫。但现实跟真相的距离远超人们的想象，诞生一些组成生命的有机物并不难，难在它们是如何在广袤无际的原始地球上聚集起来，又以极其有序的结构组建出原始生命。

尽管，我们人类都是活生生的生命体，但我曾一度认为生命的产生绝对是一个 bug，是不可能的，因为它看起来实在有点违背热力学第二定律。热力学第二定律的定义是，热量只能自发从高温物体传递到低温物体而不引起其他变化，要想反过来，就要引起其他变化，如付出能量。热力学第二定律衍生出的熵增定律表述为，一个孤立系统的熵值（混乱程度）只能自发地增大，也就是自发地从有序走向无序，可简单地比喻为，原始的地球海洋就是一锅混乱至极的汤，是不可能自发地产生极度有序的生命的。就像我们在厨房里放了各种食材，隔天一看，发现它们变成了一个蛋糕，这显然是违背常识的。

有人说，既然地球不能自发地降低熵值，那么，生命很有可能来自地球之外。这样的说法对于探索生命的成因来说，是没有多大意义的，因为，它又会引发另外一个问题——地球之外的生命又是怎么诞生的呢？这与上帝造人的说法同出一辙，因为，我们可以问上帝又是谁造的？或许，这样一种说法的可能性更高，生命自宇宙大爆炸的一瞬间就产生了，然后，机缘巧合来到了地球。我的一个科普界的朋友就我对于生命诞生违背热力学第二定律的疑惑做出过解释，他说熵增就像一座大山在崩塌，虽然石头整体都在往下跌落，但是总会有几块石头借助山崩的能量，稍微蹦跶得比其他的石块更高一些。虽然我并不认为要蹦跶出生命这种极度有序的东西概率很高，但是既然生命本身是存在的，那么总得给它产生的可能性。

　　起初，科学家认为生命应该诞生于原始海洋，因为水是生命活动的重要成分，海水也能有效防护紫外线对生命的杀伤。最近的研究却表明，淡水中更易形成原始的细胞膜，地球上最初的生命很可能是在大陆上的池塘而非潮池或深海中产生的。

　　几乎所有的生命细胞都需要一个包被膜（或称囊泡），使得细胞与外界环境实现隔离，来保护细胞内部结构的稳定，以及那条能够进行自我复制的化学链。最简单的囊泡是由亲水脂分子构成的。亲水脂分子是一类具有一个结合水分子的头部和一个排斥水分子的富含碳和油脂的尾部的长形分子。两层亲水脂分子能够组合形成囊泡壁。外层中，亲水的头部面朝外，而内层亲水脂分子的头部却向内，面朝膜的内部。两层的脂链都与膜内部相连。宇宙的组成成分——碳氢化合物如脂肪酸等可以自发形成这样的囊泡，而藏于彗星和陨星中的碳氢化合物随着彗星和陨星的坠落，扎根于地球。

　　为查明这些碳氢化合物是在何处形成地球上的第一个细胞的，一个由加州大学圣克鲁斯分校的研究生 Charles Apel 领导的研究小组，将碳氢化合物放置到不同的溶液中。含有少量酒精的水溶液中可形成稳定的囊泡。然而，当研究人员向溶液中加入氯化钠或镁离子或钙离子——咸度小于现今海水咸度时，细胞膜开始分解。"现在看来，我不得不承认生命可能并非起源于海洋。"研究的高级作者、加州大学圣克鲁斯分校的生化学家 David Deamer 在 2002 年 4 月 9 日召开的第二届太空生物学科学会议上报道。有关研究的详细分析结果发表在了《太空生物学》杂志上。

关于生命到底是如何起源的，至今也没有确切的说法，但是，随着科学家的不断探索，我们距离真相总会越来越近。除了生命是如何诞生的这个终极问题，还有另外一个问题困扰着科学家：生命诞生的摇篮——地球，在浩瀚宇宙中只是一个普通的星球吗？它是平庸的吗？

首先，我们看看可见宇宙，就是人类可以观察到的所有宇宙占整个宇宙的比例是多少。美国有教授宣称，宇宙的实际大小大约是可观宇宙的 1025 倍，这是一个大到无法形容的数字。其次，我们再看可见宇宙里有多少颗恒星。在 2003 年的国际天文学联合会上，由澳大利亚天文学家宣布，整个可见宇宙大概约有 700 万亿亿颗恒星，更不要说人类尚未看到、尚未接触的未可见宇宙。而我们的太阳只是整个宇宙中无数恒星中的普通一员，而我们的地球也只是太阳这颗普通而平庸的恒星的一颗普通而平庸的行星。

基于如此巨大的恒星基数，地球确实显得无比平庸，但是近年来，科学家开始对地球平庸论产生了怀疑。首先，地球上具有液态的水，要维持液态的水就需要合适的温度。地球位于太阳系中的适居带，距离太阳的距离刚刚好，水在地球上既不会蒸发也不会结冰。但是，这个宜居带非常狭窄，据计算表明，如果地球与太阳的距离再远 1%，那么，在地球演化史上就会出现一个不可逆的冰期；而如果距离再近 5%，它也可能出现一个不可逆的温室状态。其次，要有一颗不大不小的卫星，像月球这么大就刚刚好。月球的作用主要是稳住地球的自转轴，如果没有月球，地球就没有合理的四季和昼夜。然而，奇怪的是，月球作为一个卫星来说，显得有点过于大了，但这对于地球上的生命来说就刚刚好，可以说，没有月球，地球上也不会诞生生命。再者，地球的大气拥有一定比例的氮气和氧气，可以起到保护生命的作用。外太空有些恒星会发出像紫外线、伽马射线这样可以杀死生命的射线，它们都被大气所抵挡或者吸收，而生命必不可少的可见光则不受影响，从而产生光合作用为地球生命的演化提供能量。

地球还有很多其他类似的刚刚好的设定，这些因素加在一起，在宇宙中就显得特立独行。这些适宜的条件看上去就像是为生命的诞生而设定的。那么，在宇宙中还有其他的生命存在吗？地球上的生命是独一无二的吗？我相信，总有一天科学会给出完美的答案。

二、生命的演化

自生命在地球上诞生之日起，至今已有 38 亿年之久，在这期间不停息地变化，在变化中延续、演进。在这个过程中，同样伴随着与环境的相互适应及改变。生命的演化史实际上就是地球环境的演化史。

在今天，生命在演化这种如常识一般的观点已经被人们普遍接受，但是在很长一段时间，这样的观点是离经叛道的。尤其是在被基督教会所统治的中世纪，这显然违背了上帝的法旨，提出这样的观点，很有可能被送进宗教裁判所。《创世纪》中这样描绘人类的起源："上帝用六天的时间创造了世界，而后用泥土创造了男人亚当，又抽取了亚当的一根肋骨创造了女人夏娃，从此就有了人类。"

在《圣经》中，生命不是演化而来，而是上帝一瞬间创造的。人们也普遍乐于接受这样的观点，因为人类短暂的寿命对于生命演化的极致缓慢而言不值一提，人们很难在有限的生命里察觉到生命的演化，即使观察到极小范围内人为育种带来的生命演化，也很难联想到大自然或许具备同样的手段。

影响世界的人物于 1809 年出生在英国什鲁斯伯里，其父亲是著名的医生，具有敏锐的洞察力，母亲和蔼可亲，祖父是一位诗人、博物学家、哲学家，最重要的是，他是一位与拉马克同时代的进化论者。这个人就是达尔文，喜欢打鸟、玩狗，热衷于收集化石、观察动物习性，曾经被父亲认为是不务正业、辱没家誉的无用之人。1825 年，达尔文被送进爱丁堡大学学习医学，不过，他对于父亲望其继承衣钵的想法毫无兴趣。于是，又于 1828 年被送进剑桥大学学习神学，在这期间，他在神学上毫无建树，却结识了对其人生至关重要的人物——植物学教授汉斯罗，在他的影响下，重新拾起对博物学的浓厚兴趣。

1831 年，英国海军"贝格尔"号舰准备去南美考察，还缺一名随船博物学家。汉斯罗教授推荐了正值剑桥毕业，即将成为一名牧师的达尔文。在众多周旋之下，达尔文顺利地登上了"贝格尔"号，开启了长达 5 年的环球之旅，其航线囊括佛得角群岛、南美洲、加拉帕戈斯群岛、塔西提岛、新西兰、澳大利亚、毛里求斯、南非等。

在此之前，达尔文是坚定的神创论者，认为是上帝创造了一切，物种是不变的。但是随着航行的展开，物种变异的大量事实使他感到《圣经》解释自然的那一套说辞太过牵强。他在南美的地层中发现了一种古代巨大的哺乳动物，类似于现在较小的犰狳。接着，他发现一些有着近似特征的动物，以由南至北的顺序，依次出现在南美大陆上，而在加拉帕戈斯群岛上的大多数生物也都具有南美生物的形状，但各岛屿之间又有细微的差异。这些差异不仅使得达尔文对神创论产生了深深的怀疑，更使得他投向了物种是逐渐变异的假说的阵营。

达尔文在上船之前，得到了一本对他影响十分巨大的书籍——汉斯罗教授推荐的赖尔的《地质学原理》。赖尔在书中论证了地层变化与生物遗骸，也就是化石之间的紧密关系：地层年代越古，化石的生物原型与现代生物的差距就越大。这些现象在达尔文的 5 年环球考察中被多次验证，推动了达尔文向进化思想的转变。经过多年的积累，达尔文于 1859 年在伦敦出版了与麦克斯韦的《电磁学》、牛顿的《自然哲学的数学原理》并肩的现代科学三大基石之一的《物种起源》。

"《物种起源》全名《论依据自然选择即在生存斗争中保存优良族的物种起源》。达尔文根据 20 多年积累的对古生物学、生态地理学、形态学、胚胎学和分类学等许多领域的大量研究资料，以自然选择为中心，从变异性、遗传性、人工选择、生存竞争和适应等方面论证物种起源和生命自然界的多样性与统一性。这本著作不仅开创了生物学发展史上的新纪元，使进化论思想渗透到自然科学的各个领域，而且引起了整个人类思想的巨大变革，在世界历史的进程中有着广泛而深远的影响。"

"地球上最早期的生物是单细胞生物，它们居统治地位，占据了地球生命存在的几乎 6/7 的时间，这一时期又可以分为原核生物时期和真核生物时期。在细胞形成的早期，以原核生物蓝菌为主体的单细胞生物很快便开始了生命的第一次生态系统的构建和扩张，成为当时生物界的主宰。由于环境的变化，原核生物蓝菌生态体系走向衰落，真核生物走向繁荣兴盛，表现在叠层石丰度和形态多样性的显著下降和主要真核生物构成的海水表层浮游生态系统和海滨生态系统的逐渐构成，出现了史上第二次生态扩张。"

"大约在 6 亿年前的元古宙万起震旦纪，多细胞植物开始诞生。在中国贵州陡山沱组磷块岩中保存了多种形式的植物化石，一种表现为细胞群体结构，是由无数细胞不规则集聚成形态不定的集群；另一种则具有明确多细胞生物结构，如叶藻有皮层和髓层的分化。多细胞动物的发现比植物要相对慢一些，最早发现的多细胞动物化石，是在澳大利亚南部伊迪卡地区的晚前寒武纪，约 5.7 亿年 ~ 5.5 亿年前。"

"在大约 5.4 亿年 ~ 5.5 亿年前，多细胞生物迅速大量地出现，相应地，地质学的显生宙时代开始。多细胞生物的出现带来了地球生命的巨大进步，单细胞生物在生物界的主角地位很快被多细胞植物和动物取代了。在进化中，植物从水域走上了陆地，经苔藓植物、蕨类植物，最终发展出庞大的裸子植物、被子植物群落，成为今天地球上最重要的生态景观；动物更是展开了一幅波澜壮阔的进化画卷，无脊椎动物和脊椎动物先后登陆，两栖、爬行、哺乳、鸟类动物相继进化出现。在各类动物中，不同物种此起彼伏、你来我往，地球上出现了前所未有的生机。从生物学的角度，多细胞的进化主要表现在两个方面：第一是生物个体结构与功能的一系列进化革新，第二是大量新的生物物种形成、生态系统迅速扩张并覆盖全球。"

"第三次扩张开始于大约 6 亿年前至寒武纪早期，以生物多样性急剧增加为主要特征的生态扩张过程。多样化的浅海底栖多细胞藻类植物和无脊椎动物与大量浮游的单细胞真核藻类植物和原生生物结合，形成了滨海、浅海、半深海和大洋表层、中层水域的生态系统。"

"第四次扩张大约开始于 4 亿年前，主要特征是，陆地维管植物和陆生动物的出现引导陆地生态系统的建立，同时，海洋生物进一步向中深层和深海底发展，覆盖全球的生物圈形成。"

"生命经过了 38 亿年的漫长的进化历史，在大约 400 万年～1000 万年前走上了人类诞生的道路。人类在庞大的生物学系统中，实实在在只占据着一个十分微小的位置。人类的进化历程是从南猿（440 万年～100 万年前）到能人或早期猿人（200 万年～175 万年）再到直立人（200 万年～20 万年）最后进化成智人（25 万年），也就是现代人。"

三、生态系统与进化

传统意义上，生态系统是指："在自然界的一定空间内，生物与环境构成的统一整体。在这个统一整体中，生物与环境相互影响、相互制约，并在一定时期内处于相对稳定的状态。"我不能说这样的定义不好，只是觉得不够精准，系统本身的定义应该是多个具备相似功能的个体或单元以某种类似的相互影响方式组成在一起，形成一个具备某种目的或功能的整体。在生物界，生物与生物之间、生物与环境之间的影响方式并不单一，我们可以看到相互竞争，也可以看到相互协作等，不同的影响方式是区分系统不同的根本因素。那么，传统意义上对生态系统的定义就不利于我们对生态系统更深一步的认知，为此，我提出狭义生态系统的概念。

狭义生态系统只考虑生物与生物之间的相互影响，不考虑生物与环境之间的相互影响。狭义生态系统只考虑生物之间单一的影响方式——竞争，不考虑其他影响方式，如共生、互助等。所有的生物都具备生命的共同属性——趋利避害。趋利避害需要资源，而资源是有限的，于是产生竞争，这就是竞争关系的由来。生物之间具备生命层次上的相互独立特性，又以相互竞争的影响方式交织成一个统一的整体，这就构成了狭义生态系统（以下简称生态系统）。

根据生物间相互独立的程度，我把生态系统分为两个阶段：一是去中心化阶段，时间为从生命的诞生到人类的出现；二是中心化阶段，准确地说，即由去中心化阶段过渡到中心化阶段，时间为从人类的出现到现在。在本书的第二章中，我们已经把系统分成两类，一类是去中心化系统，即无控制中心的系统，也就是复杂系统；一类是中心化系统，即有控制中心的系统，也就是简单系统。复杂系统会涌现出群体的意志，如在生态系统中，无数相互独立的生物相互竞争就会涌现出群体意志——物竞天择或自然选择。之所以叫群体意志，是因为它是由群体共同参与所产生的。在生态系统中，每一个生命都参与了物竞天择。

值得强调的是，这里的独立性是指个体可以按照自身意志行使自身的行为，而不受其他个体控制的一种状态。在复杂系统中，尽管个体不受其他个体的控制，保持了相对独立性，但是仍要受到群体意志的调控。假设在一个生态系统中，只存在猎豹、羚羊和草三种生物，由于猎豹捕杀羚羊，我们总是容易认为猎豹比羚羊高等，羚羊没有独立性，它们的生命受到了猎豹的控制。其实不然，猎豹与羚羊的关系不是控制与被控制，而是相互独立的博弈。当羚羊数量增多，猎豹捕食的难度就降低了，猎豹的数量就会增多；当猎豹数量增多之后，羚羊被捕食的概率就会增加，它们的数量就会减少；羚羊数量的减少又会导致猎豹捕食难度的增加，它们的数量也会减少。由此，猎豹与羚羊的数量会处于一种动态平衡的状态。往大了说，所有生态系统内的生命都处于这种动态平衡的状态，简称生态平衡。

任何系统都具备某种目的或功能，生态系统的目的就是实现生命的进化。自达尔文提出自然选择后，物竞天择就被人们广为接受。物竞天择的含义是：适者生存、不适者淘汰。在资源有限的竞争环境中，注定有被打败或淘汰的一方，物竞天择的淘汰方式使得生态系统不断筛选出更能适应环境的强者，淘汰落后的弱者，这样一轮轮永无止境的筛选，使得生命不断进化。所以我们不难理解，以所有生物全都参与的无数竞争关系所涌现出的群体意志——物竞天择，主导了生态系统的进化。

进化的基本条件是种内个体之间的差异，导致适应环境的能力不同。至于是什么导致了种内生物个体之间的差异，在很长一段时间内，人们一无所知。要解开这个谜团，就要追溯到 1856 年，由奥地利修道院神父孟德尔开启的长达 8 年的豌豆实验。孟德尔从买来的 34 个豌豆品种中挑选出 22 个品种用于实验，它们都有某种可以相互区分的稳定性状，如高茎或矮茎、圆粒或皱粒、灰色种皮或白色种皮，等等。孟德尔通过细致入微的观察、计数和分析，得出遗传学的基本规律，也就是遗传三大基本规律中的两个，分别是分离定律和自由组合定律。

尽管孟德尔找到了重要的遗传规律，但是受限于当时的科技水平，孟德尔无法探求更深层次的遗传机制的本质。在孟德尔的基础上，经过数代科学家的研究探索，终于发现遗传机制建立在遗传物质 DNA 之上。DNA，即脱氧核糖核酸，是分子结构复杂的有机化合物，作为染色体的一个重要成分存在于细胞核内，功能是储藏遗传信息。带有遗传信息的DNA 片段被称为基因，而基因发生的突然、可遗传的变异，即基因突变，是导致种内生物个体差异的重要原因。

关于进化，有一种流传十分广泛的观点，由法国生物学家拉马克在他的著作《动物的哲学》中提出——用进废退，意思是生物体的器官被经常使用就会变得发达，不被经常使用就会退化。关于用进废退的思想，我们称之为拉马克学说。他的主要思想还包括获得性遗传，意思是生物后天获得的性状是可以遗传的；以及定向变异，意思是生物的变异一定是沿着适应环境的方向改变。拉马克学说看上去非常合理，人们很容易想到长颈鹿的脖子长，是因为当低处的树叶开始吃不到的时候，长颈鹿不得不使劲伸长脖子，以至于脖子越长越长。脖子变长后，这种性状遗传给了下一代，于是，长颈鹿的脖子一代比一代长。这就是用进废退、获得性遗传以及定向变异的完美证明。

但是，如果我们先假设用进废退的思想是正确的，那就是说长期没有得到使用的器官会慢慢退化。于是，在20世纪初，德国动物学家魏斯曼做了一个著名的切除老鼠尾巴的实验。在连续切掉22代老鼠的尾巴后，第23代仍长出了尾巴。老鼠的尾巴被切除后就处于没有使用的状态，魏斯曼认为如果用进废退的思想是正确的，那么随着一代代的延续，老鼠的尾巴应该会慢慢变短或消失才对。当然，现在看起来这个实验并不严谨，因为繁殖的代数还是太少，进化总是缓慢得让人根本察觉不到。

用进废退的思想是错误的，基因突变的方向与环境无关，这是因为基因突变是随机的，没有特定的方向。在一定程度上，环境可能会诱发基因突变，也可以选择出有益的突变基因，但没有定向改变基因的功能。长颈鹿的脖子会进化成如此的长度，并不是因为它在不停地伸长脖子，导致脖子越来越长而遗传给了下一代，而是因为在繁衍的过程中，出现了无方向的基因突变，如变长、边短、变粗、变细，而恰好变长的基因更适应于环境，从而使得这个突变的基因保留下来，并且迅速在族群中得到繁衍。

生命的本能——趋利避害驱使着生命走向争夺资源的征程，基因的突变使得生命个体适应竞争的能力不同，从而产生优胜劣汰，优者更优，层层递进。于是，生命一经开始就不可阻挡地走向进化之路。经过亿万年的积累，从原始无核细胞进化为有核的原核细胞生物，再进化出真核细胞生物，接着分化成真菌界、植物界、动物界；动物界从原始鞭毛多细胞动物进化到脊索动物，再进化为更高等的脊椎动物；脊椎动物中的鱼类又分化出两栖类，进而到爬行类，从中又演化出哺乳类和鸟类；哺乳动物中的一支发展成高等智慧生物——人类，从此生态系统开始走向天翻地覆。

四、生态的破坏与保护

最近，在网络上看到一个揪心的视频，视频中有几只骨瘦嶙峋的北极熊艰难地在垃圾桶中寻找食物。北极熊远离人类的活动范围，生活在北极，为何会受到种群灭绝的威胁？这是因为北极熊的捕猎、繁衍都依靠海洋浮冰，但由于温室效应导致的气候变化，使得北极地区海面浮冰正以每年 14% 的速度消融，北极熊不得不长途奔袭，消耗更多的能量，才能捕获猎物。长此以往，北极熊种群灭绝的悲剧就会变成现实。

2019 年，美国中文网综合报道，联合国发布全面报告称，现在有更多物种面临灭绝威胁，超过人类历史上任何时期，人口爆炸已经严重改变了地球、海洋和淡水区域的生态环境。该报告称，在不久的将来，全球 800 万种动植物中，将有 100 万种面临灭绝。现今，物种灭绝的速度相对过去的一千万年高出几十到几百倍。

人类的出现是生态系统进化的结果，也是生态系统两个阶段的分水岭。在人类出现之前，生态系统是去中心化的复杂系统，每个生物体在生态系统中都处于平等的地位，也都处于生态系统的中心，群体意志——物竞天择主导着生态系统的进化。复杂系统是无控制中心的去中心化系统，这个系统的特点是效率低但很稳定。效率低反映在进化的效率十分低下，生命从原始细胞进化到人类花费了几十亿年的积累；而稳定性反映在任何一个个体甚至族群的消亡，对整个系统不会造成大的影响，甚至生命在地球上的繁衍经历了最少五次集体大灭绝，但依然延续至今。

但是，随着人类的出现，尤其是 19 世纪工业革命以后，人类的能力全面超越其他物种。在生态系统里面，人类与其他生物的关系，不再是平等的博弈，而变成了控制与被控制。任何强大的猛兽在人类面前都不堪一击，我们可以为所欲为。开始于 18 世纪末、结束于 19 世纪末的美国西进运动，人类以摧枯拉朽的手段，横扫整个美国的原始森林就是最好的证明。随着人类的能力打破生物之间博弈的平衡，凌驾于所有物种之上，无控制中心的去中心化的生态系统渐渐地出现了控制中心——人类，并且一步步加强，慢慢地转变成有控制中心的中心化系统，也就是由区块球结构转变成金字塔结构。

随着生态系统结构的转变，人类的意志也渐渐地取代生态系统的群体意志——物竞天择。在人类出现之前，物竞天择主导生物的进化方向。在人类出现之后，人类的意志开始取代部分群体意志的功能，行使生物进化的权利，也就是人工选择。人类可以按照自身的喜好去培育各种新的物种，实际上，就是我们主导了它们的进化方向。

金字塔形中心化系统，也就是简单系统，特征是效率高但不稳定，这一点恰好与去中心化系统相反。长成一片丰富多彩的原始森林，需要千百万年的积累，但要毁坏往往只需要短短的数十年。进化出一个新物种，生态系统需要漫长岁月的积累，而人类只需要短短的几年或十几年就可以培育出一个新物种，这种高效相比于大自然的低效来说，简直令人瞠目结舌。

中心化系统伴随高效的另一个特征是不稳定，在 19 世纪 70 年代，一个叫托马斯的人从欧洲带了 24 只兔子到澳大利亚放生野外，由于没有天敌又有丰富的食物，到了 19 世纪末，这 24 只兔子就变成了 100 亿只兔子，严重影响了澳大利亚的本土生态。后来，为了控制兔子的数量，又引进了狐狸。但是，狐狸更喜欢本土跑得较慢的土著动物，结果狐狸也泛滥成灾。中心化系统的不稳定体现在我们很难通过人类的行为来模拟生态系统的复杂性，如果强行干预就会走向崩溃。

事实上，我们面临的情况远比想象的要糟糕，安娜莉·内维茨在《分散、适应与回忆》一书中写道："在过去 4 年里，蜜蜂蜂群出现了一种令人不安的变化。在养蜂人的注视之下，这些群居昆虫原本所具有的机器一般的效率已逐渐退化，形成无法解释的混乱状态。工蜂飞走后再也不会回巢，幼蜂在蜂巢中漫无目的地走动，蜂群的日常劳作无人过问，直到蜂蜜生产完全停止，蜂卵因为得不到照料而死去。自从 2007 年以来，这种被称为'蜂群崩溃综合征'的现象，每年冬天都会发生，导致蜂群数量减少大约 30%。如果蜜蜂灭绝，将引发物种灭绝的多米诺效应，因为从苹果到花椰菜等各类农作物都依赖蜜蜂为其授粉。与此同时，全世界的两栖动物物种有超过 1/3 面临灭绝威胁。据哈佛大学进化生物学家兼自然资源保护论者 E·O·威尔逊估计，每年有 2.7 万种物种从地球上消失。"

任何系统的稳定性都存在一个极限，超越这个极限就会引起崩溃。崩溃指的是不可挽救的急转直下，就像一个病人的生命，前一刻各个器官还在艰难维持，还有各项生理指标，下一刻的死亡就是全面的崩溃。我们的生态系统是否也会像病人的死亡一样，在某一刻走向崩溃，或许此刻，你我心里皆有答案。

不论如何，我们还是幸运地意识到了问题的存在，我们必须要挽救我们的家园。既然生态系统走向崩溃是由于人类的干预，由去中心化结构的复杂系统走向中心化的简单系统而引起了系统紊乱，那么，要改变就只需要反其道行之。其根本就是使得生态系统回归到无控制中心的去中心化状态，也就是退出人类个体意志的干预，让生态系统又回到群体意志——物竞天择的主导之中。

于是，我们制定了一系列保护环境的法律，法律的目的不仅仅是告诉我们什么事情不能做，还告诉我们这么做所面临的后果和惩罚。而法律的形成又是人们共同协商的结果，反映了所有人的意志，所以，法律本身也是人类群体意志的体现。国家是由公民组成的机构或系统，所以，又可以说国家的群体意志就是法律。在去中心化的系统中，每个人处于人群的中心，也处于群体意志法律的中心，被法律监督就是被所有人监督。只有这样，法律才能得到完美的执行，在保护环境的路上，我们才能贯彻到底，拯救我们人类赖以生存的家园。

第十四章　复杂系统与经济系统

一、经济的诞生

自生命诞生之后，基于生命趋利避害的本能，拥有与生俱来对资源的需求，而有限的资源使得生命之间不可避免地产生竞争关系，以竞争关系为核心的狭义生态系统，在群体意志物竞天择的主导下，促使生命进化的车轮不可阻挡地滚滚向前，直到人类的出现。在社会科学的根基章节中，我们讲到过，人类与动物的根本区别不在于生理结构，也不在于是否会使用工具，而在于人类体现了更多的人性，这种人性集中体现在趋利避害的方式上面——人类会有意识地通过利他，达到利己的目的。在人类社会中，通过利他达到利己的目的又集中体现在两个字上面，那就是"交易"。

交易是一种从根本上区别于竞争的影响关系，竞争无外乎争、抢、夺，表现为损人利己的兽性，而同样为达到获得资源目的的交易无疑要温和得多。交易是给予与得到的集合体，表现为利他利己的人性。甚至，交易的出现可以看成是人类的祖先由野兽蜕变为人类的分水岭。生命之间的竞争关系交织成了生态系统，它的目的在于促进生物的进化，而人类之间的交易关系交织出了人类独有的大型系统——经济系统，它的目的在于解决人们的供需问题。

要追溯经济的诞生，就要在厚重的史书中寻找人类早期交易的痕迹。大约在 500 万年前，由于环境的变化，双手更灵活的猿类具有更强的竞争优势，可以更好地存活下来，并使得双手灵活的基因在族群中快速扩散。最终，这些猿类演化为最初的猿人。他们用双腿奔跑，用双手撕扯、击打、攻击猎物。在后来的 200 万年里，猿人的脑容量增长了三倍，由猿人进化成了能人，并学会制造、使用石头工具，人类从此进入了石器时代。

对于能人，除了能制造、使用工具外，我们所知甚少，而对于能人的后继者直立人的了解，无疑要多得多。直立人存在的时间大约为 160 万年前到 30 万年前，也是最早的由非洲外移并居住在世界各地的种属。直立人的体型更大，与现代人相差无几，其智力也更发达，脑容量比能人要高出 40%。直立人最重要的发明是语言，科学家对直立人的喉部进行复原后发现，直立人可以发出我们现代人的大多数语言。尽管语言不能留下化石遗存，但是我们可以肯定，直立人的工具是按一种只有通过语言才能长久存在的复杂规则体系制造的。最后，他们是否学会了生火，我们至今还不能确定，但可以确定，他们一定学会了使用火，用以取暖、驱赶野兽和煮熟食物。

尽管直立人体格健壮，智商也得到了极大的进化，但是，他们的前额仍像猿类那样呈斜坡状，脑容量大约为我们的70%。这样的特征与我们现代人确实还有较大的差距。这就不得不提到在直立人与现代人中间的过渡时期——两个早期智人阶段，即生活在约30万年前到12.5万年前的原始智人，以及生活在12.5万年前到约4万年前的尼安德特人。智人的显著特征依旧是智力的飞跃，使得他们能够制造更先进的工具和获得更多的食物。尤其是尼安德特人，他们发明了60余种各种用途的工具和武器，包括刀、凿、钻孔器和矛，等等，他们还会使用骨头制作比较精细的工具，甚至一些尼安德特人确实以与众不同的尊敬方式埋葬死者，以食物和生活用品陪葬，其意显然是希望死者在死后的世界或来世生活得不错。

我始终没有在史料中查到交易产生的具体时间，在没有历史记录的时期，我们只能通过物品留下的证据去推演发生过的事情。在人类进入到智人阶段后，我们能明显地感觉到社会分工的出现，有了专门从事某种具体劳动的专业人士，如制造比较精细的工具的人。智力和工具的发展，使得获取食物变得更加容易，这就在一定程度上带来了物质的富余，以至于能够将之用于祭祀这种与生存无关紧要的活动。

出现了社会分工和物资的富余，那么，交易的产生也就自然而然了。当然，也许在更早的时候，交易就已经零星地慢慢出现，我们不能太过小觑人类祖先的智慧，交易始终是一个极其简单的过程。当整个社会都处于严重的供不应求的时候，交易就无从谈起。交易产生的前提条件是物资出现富余，其最重要的意义之一是实现富余物资的价值最大化。对于价值的定义，我在前面章节中提到过：凡是有助于趋利避害或解决痛苦的事物都是有价值的，价值的大小取决于解决痛苦的大小及多少。由于需求已经得到满足，痛苦已经被解决，富余的物资并不能给拥有者带来太大的价值。交易使得富余的物资得以到达真正需要它们的地方，从而实现价值趋向最大化。

交易的产生，使得人类用交易这种影响方式相互连接，形成一个统一的整体，这个整体就是经济系统。显而易见，在经济系统中，没有统一的控制中心来控制人们该怎样交易、与谁交易，那么经济系统就是去中心化的复杂系统，其结构是区块球结构，并且体现为明显的群体意志——价格规律。与生态系统一样，经济系统一经诞生就势不可挡地发展下去，形成可与生态系统比肩的绚丽多姿的局面，孕育了整个人类的创造力与生命力，承载着整个人类的磅礴气运。

二、经济的演化

在自然界，幼小的生物往往成群结队的出现，如蚁群、蜂群、鱼群，等等。它的意义在于，当无数个体聚集在一起时，单个个体被吃的概率会大大减小。群落不仅带给个体安全的感觉，更带给种群延续的力量，群落本身就是系统的另一种呈现。

当交易形成之后，尤其是这种全新的生活方式扩散到整个世界之后，我们才能说人类形成了一个真正的族群。去中心化的意义在于，处处皆不是中心，表现为个体力量的弱小，处处皆为中心，表现为个体被整个族群所环绕。自此，族群的力量加持在每一个人类之上，人类的生产力得到第一次质的飞跃。

生产力的飞跃直接体现为自采集食物向生产食物的转变，这使得人类可以固定生活的场所，从而产生原始的村落。大约从公元前 6500 年到约公元前 3500 年或公元前 3000 年，村落成为西亚最先进的人类组织，早期的村落只有几十人或上百人左右，在村落的极盛时期可超越 5000 人以上，其规模甚至比早期的城市还要大。村落与城市的区别，在于从事农业活动人数的比例，西亚村落时代直到结束时，专职的非农业劳动者比例依然不到成年人口的 1%。

伴随着生产力的发展，手工业渐渐兴盛起来，村落中手工业者的比例逐渐提高，促进了村落城市化的转变。城市的出现，大体上可以追溯到公元前 3500 年到公元前 3200 年这段时期。同时，伴随生产力的发展，各种物资开始出现剩余，贫富差距的产生不可避免。财富代表力量，力量强大的人自然很容易发现与身体力行的生产相比，剥削和压迫他人带来的成果无疑要容易得多。于是，伴随着城市的出现，奴隶制社会也悄然成型。

从村落到城市化的转变的重要指标是专职非农业生产者占总人口的比例，而由城市转变为国家的重要标志，是是否有成型的法律。当一个组织扩大到一定程度的时候，管理者无法亲自面对所有人进行直接管理，必须要依靠各级管理者进行间接管理，所依照的管理标准在今日我们称之为法律。法律产生于奴隶社会早期，其目的是为了保护奴隶主的私有财产，国家管理的本质是为经济服务。现存的最早、最完整的法典是古巴比伦王国的《汉穆拉比法典》，距今约 4000 年，其正文包括 282 条法律，对刑事、民事、贸易、婚姻、继承、审判等制度都做了详细的规定。

奴隶制国家的结构是典型的中心化结构，有显著的控制中心即奴隶主阶层，其余大部分人民皆为被控制者，即奴隶。奴隶被视为奴隶主的财产，没有自由，可以买卖，奴隶主可以强迫奴隶工作而不支付报酬，可随时剥夺奴隶的生命。最早的奴隶制国家是古埃及，公元前3100年左右，上埃及国王美尼斯率领军队攻打下埃及，下埃及战败，其国王被迫脱下红色王冠将其献给美尼斯，美尼斯被称为统一古埃及王国的第一任法老。

中心化系统也就是简单系统的特点是效率高但不稳定，在奴隶制国家中体现得尤为明显。奴隶们完全缺乏独立性，没有人身自由，必须要遵循奴隶主的意志行事，这就使得动辄十万多人共同参与的工程得以长时间进行。这里，我们要给独立性下一个定义：个体可以按照自身意志行使自己的行为，而不受其他个体控制的一种状态。当然，这并不意味个体可以为所欲为，个体不可避免地受到群体约定俗成的道德或法律的约束，也就是受群体意志的约束。

我们很难想象在没有科技的落后奴隶社会，能够建造成至今都被世人所惊叹的浩大工程，其中最为瞩目的要数古埃及金字塔。现在的尼罗河下游，散布着约80座金字塔，其中最大的是胡夫金字塔，高146.5米，底长230米，用总共230万块，平均每块2.5吨的石块砌成，占地52000平方米。据传，由10万奴隶花费30年时间完成。当然，并不能因为人数众多和时间的冗长而否认其效率，与今时今日相比，当时的生产力水平实在低下得无以复加。

中心化系统，即简单系统的稳定性差异又导致了奴隶制国家的极不稳定，内部王朝更替不断，外部饱受异族侵扰。首先，要归责于其控制中心即统治中心的群体性决策失误。当系统过于庞大，少数的决策者无法做到面面俱到。其次，是被控制的广大奴隶没有独立性，使得他们的创造力被极大的扼杀，最终导致国力羸弱，无法应对潜在敌方的威胁。最后，是长期被剥削压迫到极致的广大奴隶们的奋起反抗，如火山爆发崩溃整个体系。世界上著名的古帝国大多以侵略为手段，通过掠夺积累大量财富，迅速在版图和国力上达到巅峰状态，进而在较短的时间内土崩瓦解，如亚述帝国、波斯帝国、亚历山大帝国，等等。

从经济上来说，由于奴隶缺乏独立性，交易集中在占人口少数的奴隶主阶层内部，交易的体量受到了严重的限制。而作为商品的奴隶承当着财富创造的重任，又因为缺乏独立性，其创造财富的能力受到了最大的压制。所以整体而言，奴隶制国家的经济水平低下，这种中心化结构后来又延续到了封建时代。与奴隶制社会相比，封建社会最大的进步在于统治阶层对被统治阶层的控制力有所减弱，被统治阶级有了一定的独立性，包括一定的人身自由和财富自由，这就大大释放了占总人口绝大多数的广大民众的创造性，使得社会的财富积累大大增加，经济实力大大增强，这种中心控制力的减弱，本质上就是往去中心化方向发展的渐变。

与中国政儒合一的封建时代相比，欧洲政教分离的中世纪就显得比较特殊。欧洲的中世纪始于 476 年西罗马帝国的灭亡，而 1453 年东罗马帝国的灭亡，推动欧洲进入文艺复兴和大航海时代。这个时期的欧洲处于封建割据的频繁战争之中，而天主教对人民思想的禁锢犹如无边的黑暗笼罩大地，宗教的言论置于个人经验和理性之上，人民毫无希望地活在痛苦之中。当以教皇为中心的高度中心化控制结构作用在思想上的时候，愚昧民众犹如被釜底抽薪，使得这种本应该极不稳定的结构在思想层面持续了千年之久，直到文艺复兴带来自由的曙光。

文艺复兴是科学思想推动的思想解放运动，是人们摆脱神权的绝对控制，回归自我与理性的一场运动，其本质也是去除控制中心走向去中心化的一个过程，带来的是无数民众的独立性，也就是自由。解放了思想的人们终于爆发出无与伦比的创造力，创造巨大的财富推动经济的发展，迎来伟大的工业革命，市场经济开始萌芽，最终使得欧洲率先进入资本主义时代。

三、市场经济与价格规律

在本书的前面我们已经知道，世界上所有的系统可以分为两类：一类是有控制中心的中心化系统，即简单系统；另一类是无控制中心的去中心化系统，即复杂系统。当然，这是理论上的理想状态，事实上，世界上绝大部分系统都是两者的结合体，区别是更偏向于哪个。对于狭义生态系统的研究而言，我们是假定了所有个体都是完全自由参与竞争的个体，不考虑被控制失去独立性的个体。在这个系统中，控制现象是极其罕见的，为此，我们可以把它看成是去中心化的复杂系统。

生态系统大体上的发展过程，是从人类之前的去中心化到人类出现之后的走向中心化，在生态系统走向崩溃的路上，人类反思过后又开始去中心化，以此来保护生态系统的稳定性。经济系统的发展过程有所不同，由于一开始并不存在交易行为，也就谈不上经济系统。当交易发生之后，我相信存在过短时间的去中心化状态，也就是当剥削和压迫还没来得及出现的时候，所有人或组织都作为独立的经济体自由参与交易。再之后，就是奴隶制与封建制的中心化状态，我们可以称之为政治经济，在这个过程中慢慢去中心化，最后发展为去中心化状态的市场经济，又称自由市场经济。"自由"二字体现了经济体的独立性，即不受其他个体，也就是控制中心控制的一种状态。

18 世纪中期，随着英国殖民的扩张，越来越多的商品通过殖民之路销往海外，手工工场式的生产技术严重产能不足。在这种情况下，对于更高效的技术的需求显得尤为迫切，人们也在不停地探索新的技术。在棉纺织业，飞梭的发明有效提高了织布的效率，也刺激了人们对棉纱需求的提高。18 世纪 60 年代，织布工詹姆斯·哈格里夫斯发明了"珍妮机"，一次可以纺出许多根纱线，比旧式纺车的纺纱能力提高了 8 倍，极大地提高了纺纱的效率。珍妮机的出现使得大规模的织布厂得以建立，随后经过一系列的改进，并带动了相关设施的不断改进，直接引发了英国工业革命。

工业革命使得资本家积累了雄厚的实力，为资产阶级革命打下了坚实的基础。在封建体制内，统治者作为控制中心，出于趋利避害的本能，为了巩固其统治地位对本国人民往往采取压迫、愚弄的政策。各级官吏的权力及薪水来自上级权力机构，从本质上，他们只对上级负责，只需满足上级的需求，至于是否满足底层人民的需求，在本质上对其权力及薪水不构成威胁，因此贿赂上级成为常态。而包括资本家在内的普通大众则成为其圈养的猪羊，被层层搜刮。资本家在拥有财富的同时，也激发了对尊严的渴望。腐朽的封建体制终究满足不了资本主义的发展，在 17 世纪至 18 世纪，英国爆发了资产级革命，标志着资本主义制度的确立。随后，欧洲大陆的主要封建国家，包括英属北美殖民地也陆续进行改革，大力推行资本主义制度，而市场经济也在这个伟大进程中不断地发展壮大。

无论是公司管理，还是国家管理，从来都不是目的，人类天生追求更美好的生活、富足的物质及自由的人生。对人类社会而言，经济是创造财富的根本，权力的管理是为经济保驾护航。市场经济是经济发展的最终形态，它要求经济体享有自由交易的权利，要求经济体可以按照自身的意志行使自己的行为而不受其他个体的控制，要求整个系统彻底地去中心化。市场经济是最具效率和活力的经济运行载体。在市场经济运行中，各种社会资源都直接或间接进入市场，由市场供需形成价格，进而引导资源在各个经济体之间流动，使得整个社会的资源得到高效而合理的配置，实现资源价值的最大化。

在前面的章节中我们讲到，在狭义生态系统中，只考虑生命之间的竞争关系，不考虑其他影响关系，那么，我给生态系统的定义是：由无数相互独立的生命相互竞争所形成的去中心化复杂系统，它所涌现出的群体意志是物竞天择，主导生命的进化。对市场经济系统（以下简称经济系统）而言，其中的影响关系当然不止交易一种，还包括企业之间的竞争关系，以及消费者之间的相互影响关系。为了方便研究，我们必须去除多余的变量，为此，在经济系统的研究中，我们只考虑经济体之间的交易关系，不考虑其他影响关系。那么，对于狭义经济系统的定义就很清晰了，即为无数个相互独立的经济体相互交易所形成的去中心化复杂系统，它所涌现出的群体意志是价格规律，调节系统中的供需关系。

经济系统源于无数经济体的交易行为，而交易的目的是满足来自生命趋利避害本能而产生的需求，所以经济系统存在的目的是调节供需关系。在现今的市场经济系统内，主要存在两大经济群体，一是以生产产品或服务为功能的公司群体，即供给方；二是以消费产品或服务为功能的消费者群体，即需求方。这两大群体在某种意义上是相互重叠的，所有组成公司的人员都是消费者，而绝大部分消费者又直接或间接地服务于某个公司组织，所以，我们可以看成几乎每一个人都作为供给方参与了生产某种产品或服务，又作为需求方从其他人手中获取了想要的产品或服务。

　　经济系统是由无数相互独立的经济体相互交易而形成的去中心化系统，去中心化在这里表现得淋漓尽致，每一个经济体同时作为供给方和需求方处于经济系统的中心位置。那么，处于中心位置的经济体所生产的产品或服务，之所以能精准地到达需求者手中，又从周围无数的其他经济体手中精准地获取想要的商品，是因为都由一只"看不见的手"操控着，这就是市场经济这个超大型复杂系统所涌现出的群体意志——价格规律。

　　价格规律简单的描述是：当某样商品供不应求时，价格就会上涨，上涨的价格会刺激更多的生产者加入，也会打击更多的消费者退出购买，如此此起彼伏，最终越过供需平衡点达到供过于求的状态；当某样商品供过于求时，价格就会降低，降低的价格会打击更多的生产者退出生产，也会刺激到更多的消费者购买，如此此消彼长，最终又越过供需平衡点达到供不应求的状态。商品的价格始终围绕供需平衡点上下波动，即价格规律。生产者提高或降低价格的行为皆源自趋利避害的本能，供不应求时，市场允许生产者提高价格获取更多的利润；供过于求时，市场要求生产者降低价格，否则，产品滞销将造成更大的损失。

　　这一切显得如此复杂又如此简单，这是一个由自由的交易创造出的伟大奇迹。无数交易交织而成的市场经济迸发出雄伟的力量，使得人类近300年内所创造的社会财富超越了之前所有人类历史创造的社会财富的总和。琳琅满目的商品目不暇接，人们愉快地遨游在丰盛的物质的海洋之中。人们根据自身的能力直接或间接供给出某样商品，所有的需求都能以合适的代价得到满足。我们终于迎来了伟大的盛世，但是，即将到来的巨大危机也给了我们几乎毁灭的迎头痛击，而危机中的光明同样也在远方等待着我们。

四、经济的破坏与保护

去中心化是一种简单的结构区块球模型，简洁明了地诠释了这一结构的精髓。球面上的每一个点代表一个独立的个体，点与点之间的连接线表示相互影响，在狭义生态系统中表示为生命间的相互竞争，在狭义经济系统中又表示为经济体间的相互交易。球面上的任何一点都处于球面的中心，处处皆中心即没有中心，表现为去中心化。由于在此结构代表的系统中没有控制中心，每一个个体都参与了系统的调控，所以系统表现出群体意志。在狭义生态系统中表现为物竞天择，主导生命的进化，在狭义经济系统中又表现为价格规律，调节系统的供需关系。

去中心化的复杂系统的特征是效率低、稳定性高。生态系统的发展进化需要耗费漫长的时光，但是尽管经历过多次物种大灭绝，也没有彻底毁灭，反而一次次爆发更为磅礴的气象。经济系统的发展同样不是一蹴而就的，需要长时间的积累，在经历过多次全球性危机之后依然傲然屹立、繁荣昌盛。与之相反，中心化系统的特征表现为效率高、稳定性低，生态系统自进化出人类之后，由于人类的强大能力逐渐成为控制中心，从此生态系统逐渐走向崩溃。人类是生态系统不可避免的产物，是极致进化的必然结果，就算初始参数发生改变也必然出现类似人类的高智慧生命。那么，经济系统是否也同样如此，会自我产生某种终极形态，反而使得去中心化的经济系统出现控制中心，同样使得系统走向崩溃？答案是肯定的，并且在过去的一百年里，我们已经吃足了它的苦头。

生态走向崩溃的罪恶之源是群体意志——物竞天择，它导致控制力极强的人类的出现。同样，经济走向崩溃的罪魁祸首是群体意志——价格规律，它同样导致控制力同样强悍的垄断出现。在价格规律中，价格围绕供需平衡点上下波动，同时，导致供给量和需求量的上下波动，事情就出现在供给方的增多和减少的波动之中。当商品供不应求的时候，需求和价格的上涨会导致更多的公司争相加入，人人有钱赚的局面当然是皆大欢喜的。但是当供过于求的时候，需求和价格的下跌会直接导致公司减少商品的供给。

问题来了，这部分减少的产能要分摊在谁的身上，或者说仅剩不多的订单交给谁来生产。毫无疑问，在市场经济的规则下，价格更低者才能获取更多的订单。没有哪一个公司想要放弃生存的机会，既然你给出了低价，那为什么我不能给出更低的价格，更少的利润难道比死亡还重要吗？于是，恶性价格战就这么产生了，在不考虑其他变量的情况下，这一局面一定会发展到盈利平衡点之下，也就是亏损。最先撑不住的肯定是小公司，当更多的小公司破产之后，只剩下为数不多的大公司生存下来。这只是价格规律中，价格上下波动一个来回的结果，数个回合之后，自然而然地只剩下一个寡头或者由多个巨头联合而成的商业同盟，也就是垄断。

在去中心化的市场经济系统中，供需关系受群体意志价格规律的调节。在垄断形成之后，群体意志价格规律失去作用，转而由垄断的个体意志执行调节供需的功能，这与人类个体意志取代群体意志执行物种培育的功能极为相似。垄断，尤其是普遍垄断的形成，对市场经济的危害是致命的。首先，垄断者可以根据自身利益需求制定商品价格，使得消费者蒙受损失；其次，垄断者由于缺乏竞争的动力，也就失去了创新的需求，这就使得产品以至行业停滞不前；再者，垄断会让大量人失去就业机会，缺少收入，当劳动力过剩的时候，也会导致普遍薪水的低下，缺乏购买力；最后，垄断会导致财富大量集中在少数人手中，而这少数人即使再怎么花钱也是有限的，经济的驱动力是大众消费，没有了大众消费，崩溃是唯一的结果。

1929 年至 1933 年，源自美国，后来波及整个资本主义世界的经济大萧条的罪魁祸首就是垄断资本主义。19 世纪 60 年代，被称为"普尔"的垄断组织出现在美国工矿业和铁路业中。他们在企业间签署短期协定，规定共同价格，分配营业额，划分销售市场。到了 19 世纪末 20 世纪初，垄断资本在各个资本主义国家确立了统治地位。以美国为例：到了 1904年，美国共有 318 个工业托拉斯（一种垄断组织），它们吞并了 5000 多个工业企业，占领了全部工业资本的 40%。在这些托拉斯中，有 26 个托拉斯控制了各自生产领域的 80% 以上，有 57 个控制了 60% 以上，有 78个控制了 50% 以上。

垄断资本主义最终导致西方资本主义经济大崩溃，银行倒闭、工厂关门、工人失业、贫困来临。城市里的人缺衣少食，许多人忍饥挨饿，而农场资本家和大农场主却在销毁各种各样的过剩农产品，将玉米和小麦当成煤炭烧，将牛奶倒进密西西比河。供给消失了吗？没有，需求消失了吗？没有，但就是对接不上，这是经济崩溃的直接表现。崩溃的经济最终引发了世界的强烈动荡，可以说，直接导致了第二次世界大战的爆发。

当生态系统开始走向崩溃的时候，我们保护生态的方式是去除人类控制中心对生态系统的控制，也就是去中心化。同样，在经济崩溃引发了一系列的严重后果之后，我们痛定思痛，保护经济的方式同样是去中心化，也就是反垄断。在关乎人类生存根本的大型系统如生态系统、经济系统中，我们能容忍去中心化系统的低效，但是很难承受中心化系统不稳定性带来的严重后果。1980 年 7 月 2 日，美国联邦国会通过了《保护贸易及商业以免非法限制及垄断法案》，简称《谢尔曼反托拉斯法》，主要为禁止限制性贸易做法及垄断贸易行为。这也是世界第一部反垄断法，经过不断的发展至今慢慢趋于完善。现在，反垄断是保护市场经济的基础，也是最核心的措施。

标准石油作为美国历史上最为强大的托拉斯，受到了美国政府长达 20 多年的起诉和打击，并最终遭到分拆，这一案例为美国乃至全球的反垄断提供了重要的参考。作为全球第一家托拉斯，标准石油的解散无疑是全球反垄断史的一个标志性事件，所造成的影响在一个世纪后的今天依然意义非常。

"1870 年 1 月 10 日，洛克菲勒在俄亥俄州创建了标准石油这家有史以来最为强大的垄断企业，其定名是为了标榜该公司出产的石油是顾客可以信赖的'符合标准的产品'。到 1879 年底，标准公司作为一个合法实体成立刚满 9 年时，就已控制了全美 90% 的炼油业。有史以来，美国还从来没有一个企业能如此完全地独霸过市场。1882 年，洛克菲勒在他的律师多德首度提出的'托拉斯'这个垄断组织的概念指导下，合并了 40 多家厂商，垄断了全国 80% 的炼油工业和 90% 的油管生意。1886 年，标准石油公司又创建了天然气托拉斯，并最后定名为美孚石油公司。1888 年，公司开始进入上游生产，收购油田。1890 年，标准石油公司成为美国最大的原油生产商，垄断了美国 95% 的炼油能力、90% 的输油能力、25% 的原油产量。标准石油公司对美国石油工业的垄断一直持续到 1911 年。"

"以标准石油为首，美国历史上一个独特的时代——垄断时代就此到来。托拉斯迅速在全美各地、各行业蔓延开来，在很短的时间内，这种垄断组织形式就占了美国经济的 90%。在国际市场上，标准石油也迅速取得了支配性的地位。19 世纪 80 年代，由于美国的工艺已使标准公司的产品优于欧洲人的产品，标准公司赢得了欧洲大部分地区的煤油市场。在 19 世纪 70 年代和 80 年代，煤油出口占到全部美国石油产量的一半以上。"

"从价值上说，煤油占美国出口货的第四位，在工业制品中占第一位。欧洲则是它的最大市场，而其中至少有 90% 的出口煤油是经过标准石油公司之手出去的。随着标准石油的不断膨胀，它也成为美国政府反托拉斯的头号打击对象，被作为'进行欺诈、高压、行使特权'的代表，首当其冲受到批判。1890 年，美国政府颁布《谢尔曼法》，美孚石油托拉斯不得不解散。"

"但事实上，洛克菲勒的石油帝国仍然存在，各分公司仍然步调一致，协同作业，各公司的收入还是由以洛克菲勒为中心的委托人来管理。1899 年 6 月，洛克菲勒改组美孚石油公司，以新泽西州的美孚公司重新登记，美孚石油公司的石油霸主地位再次得以确立。但在 1908 年，西奥多·罗斯福出任美国总统，开始了托拉斯与反托拉斯之间最为激烈的对抗。罗斯福提出要将垄断市场、勾结铁路的美孚石油公司彻底铲除。"

"1911 年 5 月，美国最高法院宣判美孚石油公司解散，洛克菲勒辛苦经营 40 年、耗尽毕生精力的石油王国轰然倒塌。美孚石油公司被分成 38 个独立的企业，各自成立董事会。尽管被分拆已达一个世纪，但今天人们依然能看出当年这个石油帝国的庞大，如今，全球排名前十的石油公司埃克森·美孚和雪佛龙均来自当年的标准石油。"

第十五章　复杂系统与文化系统

一、谣言与潮流

当今社会是一个信息高度发达的时代，我们每天打开各种网络工具就可以接收到无数的信息。这么多的信息自然有真有假，假的信息被广为流传就变成了谣言。下面是我在网络上收集到的几条谣言：

1. 令果农损失惨重的"柑橘蛆虫事件"

"告诉家人、同学、朋友暂时别吃橘子！今年广元的橘子在剥了皮后的白须上发现小蛆状的病虫。四川埋了一大批，还撒了石灰……"2008年，不少人收到了这样一条短信。

类似的消息被转发了无数遍，其间，还有媒体报道了"某地发现生虫橘子"的新闻，尽管报道内容模棱两可，未经查实，但被网络转载后更加剧了人们的恐慌。

10 月 21 日，当传言已经严重影响全国部分地区的橘子销售时，四川省农业厅对此事件首次召开新闻发布会，并表示，全省尚未发现新的疫情点，相关传言不实。

2. 让数百万民众受惊的"山西地震"传言

2010 年 2 月 20 日至 21 日，通过短信、网络等渠道，一条关于山西要发生地震的消息被疯狂传播。山西太原、晋中、长治、晋城、吕梁、阳泉六地几十个县市数百万群众听信了这一谣传，于 2 月 20 日凌晨走上街头，躲避地震，山西地震官网也一度瘫痪。2 月 21 日上午，山西省地震局发布辟谣公告。山西省公安机关随后立即对谣言来源展开调查，经查明造谣者共 5 人，均已得到相应惩罚。

3. 因听信谣言，食盐遭疯抢

2011 年 3 月 11 日，日本东海岸发生 9.0 级地震，地震造成日本福岛第一核电站 1–4 号机组发生核泄漏事故。令人没想到的是，这起发生于日本的核事故，却引发了中国的抢盐风波。

3 月 16 日，中国部分地区的食盐遭到疯狂抢购，许多地区的食盐甚至在一天之内被抢光，还有商家趁机抬价，严重扰乱了市场秩序。引发这次"食盐潮"的，是这样一段信息："食盐中的碘可以防核辐射。受日本核辐射影响，国内盐产量将出现短缺。"

3 月 21 日，杭州市公安局西湖分局发布消息称："已查到'谣盐'信息源头，并对始作俑者'渔翁'做出行政拘留 10 天、罚款 500 元的处罚。"

这是几条具备代表性的谣言，在当时也产生了很大的负面影响：听信第一则谣言的民众怕吃到虫子，不敢买橘子了；听信第二则谣言的民众怕地震，不敢待在家里了；听信第三则谣言的民众怕没有盐吃，而疯狂囤积食盐。

我们已经知道生命的本能是趋利避害，生命遵循这个本能做出各种各样的行为，与周围的生命产生各种各样的关系。这些谣言所谣传的事件可能会对民众产生不好的影响，这是一种潜在的风险。风险是有害的，趋利避害的本能促使人们做出各种相对应的行为。

我们把这些事情定义为谣言，那就说明它们本身就是假的。既然是假的，为什么还有那么多人相信呢？答案就蕴藏在这种现象背后的结构里，我们很容易得出结论：所有听信谣言的民众既相互独立又相互影响，他们中间没有控制中心。那么，这就是典型的去中心化系统，每一个民众都处于这个群体的中心，同时，接受来自所有其他民众的影响。用通俗的话来说，就是他身边所有的人都在告诉他这件事是真的，他当然相信，偶尔有一人对他说这是个谣言，他会说既然是谣言，那为什么这么多人信呢？

谣言系统与消费者系统是同样的去中心化结构，我们已经知道每个个体都参与系统调控的去中心化复杂系统，都会产生相应的群体意志，对消费者系统来说是品牌效应，对谣言系统来说就是谣言本身。谣言不仅仅是指一条虚假的信息，而是代表着许多人共同相信的一条虚假信息。而谣言的形成过程与品牌效应中消费者的聚集过程极其相似或者说一模一样。

首先，普通民众对于信息的真假是无知的，他们不知道事情的真相。试想一下，如果他们知道事情的真相，那还会受到谣言的影响吗？显然是不会的。正是因为不知道，他们才会受别人的影响。其次，无知的人们必然受到他人的影响，趋利避害的本能促使他们要做出选择，而做出选择的信息若不能亲自验证就只有来自他人了。这里的他人不一定指具体的人，也指各种个人或组织通过各种渠道传播的信息。

无知的人们受到他人的影响，就有可能产生从众大循环。我们可以在脑子里演练这样一个场景：当一个谣言散布者刚刚开始散布谣言的时候，他身边的朋友因为熟识而选择相信他，谣言就有了第一批听信者。然后，还会有更多的朋友的朋友，看到这么多人相信并传播这件事而认为它是真的。到了一定程度后，就发展为信的人多了就更多人信，更多人信了则信的人更多，产生无限循环，也就是我们所说的从众大循环。

由于谣言系统是去中心化结构，每一个民众都处于群体的中心，同时，接受来自所有其他民众的影响，这种认知很难撼动。所以，要破除谣言，也就是要改变这个群体意志的认知，就需要强有力的手段。在今天，这个手段有时是政府的强大公信力，有时是具备公信力的其他民间组织或个人。这与我们之前提到的要想改变一个品牌消费者对于该品牌价值的认知需要强大的力量，是类似的。

所以，我们可以得出结论，谣言与品牌效应一样，都是一种由去中心化复杂系统所涌现出的群体意志。它们的形成都是由于人们的无知导致其选择受到他人影响，进而形成从众大循环的结果。谣言与品牌效应本质上并无差别。

在网络发达的今天，由于信息传播速度快，政府要破除一个谣言的速度也是很快的。但是，当某个谣言发生在连政府都愚昧无知且信息传播速度很慢的古代，又会演变成一个什么样的结果？下面，我们来看一看。

当人类开始仰望星空的时候，对宇宙的好奇就从来没有停止过。人们很早就发现，天上的星星大部分是不动的，它们每天在同样的时刻，出现在同样的位置。于是，人们就把这些星星命名为恒星，意思是恒定不动的星星。

另外，还有五颗特别的星星，它们似乎在天上不停地乱动。今天在这里，明天又跑去了那里。于是，人们把它们命名为行星，意思是行走的星星。它们的名字分别是金星、木星、水星、火星、土星。

那时的人们对这一切都充满着敬畏，在西方有好事者根据这五颗行星的相对位置和相对运动发明了占星术，用来预测人世间的各种事物。占星术士认为，天体，尤其是行星和星座，都以某种因果性或非偶然的方式预示人间万物的变化。这些占星术士通常利用出生地、出生时间和天体的位置推断人的性格和命运。如今再看，这根本就是一个彻头彻尾的谣言。

可在那个时代，人们不能解释的事情太多了。人类对于未知的事物有一种天生的恐惧，为了躲避因为这种恐惧而产生的痛苦，大部分人选择相信占星术以求得心灵解脱。在有了第一批信徒后，从众大循环顺理成章地产生了，最后席卷天下，几乎所有人都选择了相信占星术这个巨大的谣言。

从托勒密到哥白尼、从牛顿到爱因斯坦，这些伟大的科学巨匠花费了千百年的时间，才一步一步、一点一滴地破除了这个巨大的谣言。人们终于开始相信，天上星辰运动是一种自然现象，与命运无关。尽管如此，到如今依旧有不少人无视科学，选择由愚昧无知的古人创造出来，用以解释他们所不了解的世界的占星术，可以想象，这个从众大循环有多么强大。

在中国的古代，同样出现过类似占星术的理论，名为阴阳五行，人们用金木水火土的相生相克来解释所不了解的未知事物。以今天的科学角度来看，与占星术一样，这也是一个彻头彻尾的谣言。

阴阳五行这个"品牌"自有了第一批消费者后，选的人多了就有更多人选，更多人选了则选的人更多，从众大循环就此产生。与品牌效应一样，这一谣言变成了由无数相互独立的听信者相互影响形成的去中心化系统所涌现出的群体意志。

每个听信者都处于这个系统的中心，也就是这个群体意志的中心，同时，接受来自所有其他听信者的影响，因此，这种认知几乎是不可撼动的。它的具体表现形式就是，不论怎么解释这是假的，对方都会说："既然是假的，为什么那么多人还相信它呢？它肯定是真的，最起码有一部分是真的。"

《科学声音》的汪洁老师有个提问令人拍案叫绝，他说："既然阴阳五行是古人根据所能看见的五颗行星的运行规律而创造出的一套理论，而后来我们用望远镜发现了天上不止有五颗行星。那为什么阴阳五行不改名为阴阳六行、阴阳七行、阴阳八行呢？这六颗星、七颗星、八颗星又该怎么命名，怎么相生相克呢？"

理解了谣言，再理解潮流就十分简单了，它们本就是一个妈妈生的孪生兄弟。我们拿服装潮流来说，人们不知道如何穿才会好看，这是一件痛苦的事情。因为趋利避害的本能，有痛苦就会产生解决痛苦的需求，人们受到他人的影响，身边的人更多的穿什么样式，他们就选择什么样式。对于一个价值，选的人多了就有更多人选，更多人选了则选的人更多，从众大循环就此产生。

于是，潮流风靡一时，我们可以把潮流看成是无数跟随潮流的相互独立的人们相互影响所形成的去中心化系统中涌现出的群体意志。每个人都处于这个群体意志的中心，同时接受来自所有其他潮流跟随者的影响，这样的认知几乎不可撼动。具体的表现形式为：就算你说他的穿着很丑，他也会说："这么多人都穿，肯定是好看的，你才是真的丑呢。"直到一个新的价值潮流出现，淘汰掉这个过时的潮流。

谣言没有被破除，就会形成一种迷信一样的传统文化。那么，如果潮流没有被淘汰会形成什么呢？答案是传统习俗，包括各种民间习俗，如：过年。

传说，有一只名叫年的凶兽，因找寻不到食物，常在大雪覆盖之日到附近的村庄里去找吃的。因其体型庞大、脾气暴躁、凶猛异常，给村民带来了很大的灾难。每到腊月底，人们都整理衣物，扶老携幼，到附近的竹林里躲避年。

为什么要躲进竹林里呢？原来，传言年最怕竹子，于是，聪明的人们想到了一个好办法，那就是把竹子砍回家，这样年就不敢来了。大家都这样做了，于是，就有了爆竹。年年过年，人们都要放爆竹，久而久之，过年就成了一种习俗。

类比之前讲的谣言，过年这个习俗同样具有类似的产生过程。为了满足人们因为趋利避害而产生的需求，有人发明了过年。对于过年这个价值，选择的人多了就有更多人选，更多人选则选的人更多，从众大循环就此产生，直到席卷整个华夏文明。

过年是由一种未被淘汰的潮流发展而成的民间习俗。当然，还有很多因不合时宜而被淘汰的民间习俗，如女子缠足等。还有一些是即将被淘汰的民间习俗，其中不乏非物质文化遗产。至于这些健康的正能量潮流，最终会不会被消失，就看我们的保护意识了，毕竟，这是中华文明在历史时空中留下的印记。

谣言如果没有被攻破就会成为一种传统文化，潮流如果没有被淘汰就会成为一种传统习俗，它们都是一种群体意志，与品牌效应、物竞天择、价格规律等群体意志没有本质的差别。

二、经典与权威

遇上经典，我们总是潜意识地认为是最好的、不可超越的。什么是经典？经典指具有典范性、权威性的经久不衰而不可超越的万世之作。

在这里，我们可以稍微讨论一下主观认知和客观事实的区别。一般来说，主观认知是你认为这个事物是什么样子，客观事实是这个事物本来是什么样子。区别在于，对待同一个事物，每个人的主观认知会不一样，而客观事实则不会改变。目前来说，对待社科类问题，主观认知影响比较多，俗话说，一千个读者就有一千个哈姆雷特。而自然科学中的各种规律则是不可辩驳的客观事实，毕竟不管你主观怎么认为，苹果往地上掉的原因永远是地心引力的作用。

我们回过头来再看经典，即不可超越的事物。那么，这种不可超越到底是我们主观上认为的不可超越，还是客观事实上的不可超越？到了这里，我想很多读者已经开始明了，经典的不可超越应该是主观认知上的不可超越，因为我们的世界之所以会进步，不正是因为一次次超越所谓的经典吗？

但是的确，在现实生活中对待一本人人皆知的经典的时候，我们难以想到能够与之匹敌的作品，正是这种主观上的认知造就了经典不可超越的印象。大家注意，我这里用的是难以想到，但并不是真的没有。就像王羲之的《兰亭序》被奉为天下第一行书，是经典中的经典，但是，我始终认为后世千千万万的行书高手总有超越他的，若不能，那就只能说明行书这门艺术已经发展到了尽头，从此再无追求。可是，为什么我们始终难以想到过去了近1700年，有哪一个人的作品成为新的天下第一行书呢？

要理清楚缘由，本是件极其复杂的事情，我们很容易掉入一千个哈姆雷特的陷阱，最后不了了之。但是我们转变一下思路，事情就要变得容易得多。首先，任何生命的任何行为都源自趋利避害的本能，我们之所以追捧经典是因为它能够解决我们因某种痛苦而产生的需求。所以我们可以把经典看成是一个满足消费者需求的商品。当然，在商业发达的今天，大部分经典作品我们都可以花钱买到或看到，它本身已经变成了商品。然后，所有的经典肯定都会有一个名字，这个名字就是商品的品牌名。最后，既然是经典，那么必然是有极大名气的，我们把这种名气类比成品牌效应。

如此这般，所谓的经典问题也就变成了商业问题。我们已经知道任何一个具备品牌效应的品牌价值之上必定存在从众大循环，即对于一个价值，选的人多了就更多人选，更多人选就选的人更多了，无限循环。它是人们的无知导致他们的选择受到他人影响的结果。以书籍为例，就算一个人一天看一本书，终其一生也就能看两三万本，世界上的书籍何止几百上千万本，所以对于哪一本是最经典的注定不知道，他们的选择不可避免地受到他人的影响。

从众大循环有三个特征，即理论上在同一个价值领域能够吸收所有的潜在客户、对手的客户，以及吸引力越来越强。这三个特征使得它具有强烈的排他性，价值离得越近，排他性就越强。所以，对于一本已经形成品牌效应的经典，本身就不允许出现类似价值的同类型作品，这也是就算有新的作品超越了经典，我们也很难想到的原因。当然，这里的超越不是那种特别明显的超越，毕竟对于一个产品来说，品质上的超越就表示已形成了不同的价值，已经能够忽略品牌效应的影响。在主观认知占主导地位的经典欣赏方面，想要有质的飞跃是极难的，这一点在自然科学上就完全相反，自然科学上的超越是客观事实上的超越，可推敲、可验证。

除了用品牌效应形成或者说消费者聚集的逻辑过程，来验证经典的不可超越性，我们还能从结构上找到答案。很明显，所有信奉经典的人们是相互独立又相互影响的，他们组成了一个去中心化的复杂系统，每一个人都处于这个群体的中心，同时，接受来自所有其他人的影响。所有人告诉他经典是最好的，所以他也认为经典是最好的。并且每一个人都处于一样的状态，他们相互影响相互叠加，群体认知不可撼动，这个系统形成的群体意志就是经典的名气或者说品牌效应。

经典一般是指作品，而权威一般就是指人了，某个领域最厉害的人物就可以称之为这个领域的权威。

还是类比品牌，当我们认为某个品牌是个名牌的时候，我们就会潜意识地认为有很多人选择它，这个时候，就可以看成是我们处于人群的中心，同时被其他所有人影响，这是典型的去中心化结构。对于权威也是一样，当我们认为一个人是权威的时候，我们就会潜意识地认为许多人都认可他，也可以看成是处于人群的中心，同时被其他所有人影响，权威本身也是群体意志的体现，类似于品牌效应。

我从不否认，在许多领域，尤其是自然科学领域有着无数的权威，他们的成就也当得起"权威"二字。在生活中，我们依赖各种信息做出各种选择，在现今信息发达的时代，任何信息都有很多个信息源，那么，哪一个是正确的，是我们需要的呢？还是那个基本逻辑，我们的无知导致我们的选择受他人的影响，我们倾向于更多人选择的信息，所以我们潜意识地相信权威。这也没有错，无论是过去、现在还是将来，我们的选择都没有错。但是如果权威不小心错了，或者故意利用他的权威，提供虚假信息非法牟利呢？

古希腊最伟大的哲学家亚里士多德是当时最大的权威，他提出两个轻重不一的物体在同一个高度同时下落，重的率先落地。这一权威提出的观点被所有人认同，他们之所以认同并不是因为他们亲自验证过，而是潜意识地认为权威说的就是对的。直到1600年后，伽利略在比萨斜塔上做的著名实验，当大小铁球同时落地的那一刻，世界明白了一个道理：不要迷信权威，权威也会犯错。就连自然科学史上两大宗师——泰斗级的权威牛顿、爱因斯坦也犯过许多的错误，起码，牛爵爷的炼金术就一点都不靠谱。

权威犯了错不可怕，可怕的是权威故意犯错，非法牟利。在近20年里，我们见过无数的所谓大师，他们利用人们渴望成功的心理，通过洗脑的方式，欺骗无数追求梦想的人，甚至有许多人因此倾家荡产。他们的欺骗手段也很拙劣，归纳出许多成功人士的特点，然后告诉学员学到了就会成功，殊不知这是典型的幸存者偏差加品牌效应的作用。还有许多科学家也为了金钱昧着良心帮一些不法商家站台背书，甚至只要你花钱就能与美国前总统合影拍照，当然这是合法的。

说到底，我们之所以会迷信权威，还是因为我们不够理性。我认为真正的理性是：要意识到，我们之所以相信某个事物，经典也好，权威也罢，有可能并不是因为我们知道事情的真相，而是因为我们正处于人群的中心，同时被其他所有人影响。这里的关键词是可能性，只有意识到了这种可能性，我们才会认真地思考事物的真相。

三、组织的文化

人类因为趋利避害的本能产生各种行为，与其他生命产生各种影响关系，从而形成各种组织或系统。在这里，影响关系的强弱是衡量一个组织是否能成为一个组织好坏的重要标准，影响关系强则组织凝聚力强，影响关系弱则组织是一盘散沙。

我们拿两个典型的组织进行对比：一是帮派组织，二是企业组织。在前面我们提到过，任何一个组织或系统的结构无外乎简单系统（中心化系统）或复杂系统（去中心化系统），或者两者皆有之，区别在于更偏向于哪一个。帮派组织和企业组织都是常见的两种系统架构结合的组织。

在一个帮派里，由各级头目组成的金字塔管理架构是简单系统的典型表现。简单系统的特点是效率高但不稳定。在帮派里，头目下达的指令是必须要执行的，否则就会有相应的惩罚，体现了组织的高效性。另一方面，指令的正确与否取决于个人的判断，因此，错误的概率决定了组织的不稳定性。我们也能看到，在世界范围内能够长存的帮派组织凤毛麟角。

帮派里的另外一种架构是复杂系统，也就是去中心化系统架构。在帮派里，任何一个成员在帮派以外受到不公平待遇的时候，帮派总能拧成一股绳群起而攻之。从这个层面上讲，帮派的每一个成员都处于组织的中心，同时接受来自所有其他成员的影响，也就是保护。人人为我，我为人人，一个成员的力量代表了整个帮派的力量。复杂系统的群体意志在这里体现为凝聚力，换一种说法就是义气，这就是帮派组织的文化。

企业组织在简单系统架构层面与帮派组织类似，是以各级上司组成的金字塔架构。企业需要面对众多的竞争对手，所以对组织的执行力，也就是效率有较高的要求。但是，由于局限于简单系统的不稳定性，大部分企业的寿命极其短暂。据统计，中国民营企业的寿命平均不到 3 年，能存活 10 年以上的不到 5%。

对于帮派组织来说，组织的实力来自成员的凝聚力，所以对于组织文化，义气十分重视。对企业组织来说，组织的实力来自产品、人才、资金等方面的水平，所以，对于企业文化也就是成员的凝聚力显得不那么重视。尤其对中小企业来说，由于企业成员不多，对于企业文化的需求就更不明显。

近年来，随着商业的蓬勃发展，越来越多的企业家对于企业文化越加重视，认为这是提高企业综合水平的一大方面。在许多人看来也确实如此，但这已经走入误区。说到创建企业文化，我们想到的是在企业的内部或外部推广企业的价值观、企业精神，等等，其形式包括团建、会议、口号、标语，等等。一切看上去那么合理，那么错在哪里呢？错在我们忽略了生命的本能。

生命的所有行为都源自其本能——趋利避害。企业员工来到企业工作的行为源自他们趋利避害的本能对于金钱（其次是地位）的追求。更多的薪水以及更高的职位是员工努力奋斗为公司创建价值的源动力。对于企业主来说，给能力更高的员工发更多的薪水以及提供更高的职位是值得的，对于员工来说，这样的游戏规则天经地义。

那么，问题的关键在于如何让有能力的员工得到更高的薪水以及更高的地位。有人说选拔，那么问题又来了，谁来选拔？企业主能接触到的员工是有限的，不适合选拔。对于企业领导层来说，出于趋利避害的本能，他们可能会做不一定适合公司但适合个人利益的选择，所以也不合适。

那么，适合选拔的只能是机制——一套公平公正、公开透明的选拔机制，就显得尤为重要。在这样的机制下，所有人都知道其为公司创造价值的能力，决定了他们在公司的薪资待遇及职位，那么，他们就有了努力提升能力，创造更大价值的源动力，创造、创新的精神有了适宜的土壤，人人争先恐后，企业自然蒸蒸日上。这套公平公正、公开透明的选拔机制体现了人人平等及去中心化的深刻思想，是最好的企业文化。

四、西方的"愚昧"

几乎所有学习现代医学的学生，在入学的第一课就要学习《希波克拉底誓言》，并且要求正式宣誓。其誓言为："医神阿波罗，阿斯克勒庇俄斯及天地诸神为证，鄙人敬谨宣誓，愿以自身能力及判断所及，遵守此约。"

希波克拉底生于公元前460年，是西方医学之父。他认为人类与这个世界一样，是由四种元素——土、气、水、火组成，这四种元素和人体中的四种体液——黑胆汁、黄胆汁、血液和黏液相对应。这四种体液一旦失去平衡，人就会生病，而治疗的方案就是想方设法恢复体液的平衡，其治疗方法包括催吐、灌肠、放血等。

我几乎可以断定，无数的读者看到这里的时候，一定对希波克拉底充满了崇敬之情。确实，一个奠定了现代医学的医学之父，一个创造了影响近两千年的医学思想的医学先驱，难道还不值得尊敬吗？他的理论方法也许不是全部正确，也许远没有现代医学那么先进，但是，这种古老的思想一定蕴含某种神奇的奥秘，必有其独到之处。

在两千多年的历史之中，朴素的西方人民对希波克拉底体系深信不疑。有三个理由支撑着他们的信念：其一，如果没有希波克拉底体系为我们世世代代治疗疾病，我们的种族不可能延续至今；其二，希波克拉底体系确实治好了无数的人，这是无可辩驳的铁证；其三，流传了两千多年，被所有人接受并使用的体系是不可能错的。这三大看上去无懈可击的理由，使得人们对希波克拉底体系深信不疑，纵使有怀疑者，也淹没在了嘲讽与谩骂之中——怀疑老祖宗在古今中外确实都是一种大不敬。

终于，有一个不知死活的人对这三大理由发起了挑战，他认为：其一，在希波克拉底之前没有医学，我们的祖先也没有灭亡，我们的存在就是最好的证明，并且根据考古研究，此前的人均寿命与之后没有什么变化，都不足40岁，所以，希波克拉底体系不是延续种族的不可或缺的因素；其二，疾病痊愈的原因不仅仅只有治疗手段一种，还包括人体的自愈以及接受治疗后产生的安慰剂效应，也许那些被治好的人本来就能自愈，而不是治疗产生了效果；其三，就算流传已久被所有人认可的事物也可能是错的，就好像在现代科学发明之前，我们一直认为天圆地方，或者如果没有伽利略的比萨斜塔实验，我们也会一直认为两个铁球从同一高度下落，重的先落地。

　　这个不知死活的人就是千千万万建立起现代医学体系的先驱和斗士，他们挑战权威的武器就是科学思想。在今天，全世界早已彻底地抛弃了希波克拉底体系，只留下了希波克拉底作为医学之父的开创先河的伟大精神和意志。但是，我们必须要思考一个问题，难道发明了科学的西方人就这么愚昧吗？一个错误可以持续两千多年，千千万万的人本可以不死，却还是死在诸如催吐、灌肠、放血这种今天看来适得其反的治疗之中，其中的著名人物还包括诗人拜伦、音乐家莫扎特以及美国国父华盛顿。

　　是的，人一旦身处群体之中就容易失去理性。对于信仰希波克拉底体系的所有人，我们可以将其看成是一个去中心化的复杂系统，每一个人都处于群体的中心，同时接受来自所有其他个体的影响。当一个人从出生开始就成为这个群体的中心，从一开始他就已经失去了判断是非的理性，理性的根本就是要先怀疑自己此刻的不理性，所以，不理性在这样的群体中就成为必然。

　　我们再从品牌效应的角度来类比这个问题。我们可以把希波克拉底体系看成是一个产品，用于满足人们因生病而产生的治疗需求。一开始，由于人们不知道它到底能不能满足需求而不会产生选择；之后，慢慢有第一批消费者尝试过，发现确实治好了病（无法分辨是自愈或安慰剂效应），满足了需求；无知的潜在消费者受到这些人的影响也做出了同样的选择，于是产生从众大循环，聚集起庞大的消费群体。

　　人们对希波克拉底体系的信仰就是群体意志——品牌效应。在人人都处于中心的复杂系统中，无论怎么说这个产品不好，他们都会说："既然不好，那为什么有那么多人选择呢？"当然，错误的希波克拉底体系也再一次验证了前面所说的营销的核心：让所有人认为你卖得最好，即便是假的也可以。

第十六章　复杂系统与宇宙世界

　　本章节内容属于自然科学的范畴，作为自然科学的外行实在不应该在此班门弄斧。但是，考虑到自然科学对人们的重要性，而人们对它的了解又少之又少，在此做些许科普工作，希望借以激发广大读者对科学的兴趣。

　　需在此声明，笔者不是专业的科普工作者，本文的描述可能不那么准确。不过，我觉得这不重要，思维需要广阔的空间才能有无数的可能，只要能为读者打开一扇通往科学世界的大门，那就是我最大的荣幸。推荐书籍：《时间的形状》《星空的琴弦》。

一、仰望星空

从小我就喜欢仰望星空，在我的记忆中，倚靠在奶奶怀里数着天上星星的画面最为深刻。长大后，偶尔会思考哲学的终极问题——我是谁？我从哪里来？我要到哪里去？也总会放空思绪，融入星星的海洋，似乎这样能够给我带来某种安详。人类身处星空之中，如同尘埃一样渺小。但是，渺小的我们却在星空之中悄悄地探索着整个宇宙的奥秘，何其壮哉？

那晚刚入城的时候，突然发现天上的月亮很大，与万家灯火相互映衬，煞是好看。我的思绪突然间就穿越时空，回到人类第一次仰望星空对那轮明月产生好奇的时候。后来，一代一代的哲学家开始用想象力来解释为什么太阳会东升西落，为什么月亮会有阴晴圆缺，为什么星星大部分不动，而又有几颗会动来动去。

当人们开始不满足于想象的时候，科学便取代哲学来尝试解释这一切，结果当然是好的。科学的产生源于对星空的好奇，科学的不断进步直接推动人类文明的发展和思想的解放，直到出现晚间这明月与万家灯火交相辉映的一幕，如此和谐，如此奇妙。

几千年的文明发展，终于轮到你我登场，或许我们有诸多不幸，或许我们在承受苦难。但我相信，当你我仰望那同一轮明月，感受自身存在的时候，所有的负重都将成为脚下的土地，我们踏步前行。

二、物质的本质

哲学三问，在科学上其实就是一个问题。如果我可以代表我们的物质世界，那么问题就是：我们看到的物质是什么？它是怎么来的？它的未来又会怎么样？这三个问题同时存在，若能弄清楚其中一个，其他两个就可以迎刃而解。

早在公元前 400 年，古希腊哲学家德谟克利特就提出了原子猜想。他认为，物质都是由最微小、坚硬、不可入、不可分的物质微粒构成，这种粒子叫"原子"，在性质上相同，但在形状、大小上却是多种多样的。万物之所以不同，是由于万物本身的原子在数目、形状和排列上各有不同。尽管这种猜测带着某种惊世骇俗的准确性，但德谟克利特仍然只能被称为哲学家，而不是科学家，因为这只是猜想，没有实证。

自科学诞生以来，科学家对于物质的本质始终坚持不遗余力地探索。1803 年，英国物理学家道尔顿提出了近代原子论，尽管也是猜想，但已经有了一定的依据，那就是化学反应的原料消耗有固定的比例关系。例如：两升氢气和一升氧气能恰好全部合成水，如果偏离了这个比例，就会有剩余的氢气或氧气。原子论能够很好地解释这个现象，只要假设水分子里氢、氧原子数的比例是 2：1 即可。

随后的 100 多年中，绝大部分重要的基本粒子被相继发现，其中最重要的要属 1911 年英国物理学家卢瑟福的 α 粒子散射实验，他利用 α 粒子（即氦核）来撞击金箔，发现大部分 (99.9%) 粒子直穿金箔，其中少数成大角度偏折，甚至极少数被反向折回 (1/100000)。因此，他发现原子有核，且原子核带正电，质量极大，体积很小。

时至今日，物质构成的基本情况已经清晰明了。物质由分子、离子、原子构成，分子是原子通过共价键结合而成，离子是分子或原子通过获得或失去一个或多个电子形成的带电粒子离子键结合而成，所以归根结底，物质是由原子构成的。但原子也不是最小的不可分割单位，它是由原子核和核外电子构成的。原子核又可以再分为质子和中子，除了常见的氢原子的原子核由一个质子构成，其他原子的原子核都由质子和中子构成。中子、质子这一类强子是由更基本的单元——夸克组成的，那么夸克又是由什么组成的呢？

最新、最前沿的弦理论猜想：夸克是由弦构成的，而弦是空间卷缩的显现。如果这个理论是正确的，那么我们整个物质世界归根结底是一片虚无。如果我们把平静的湖面比喻为空间，一阵风吹过，那浮现的浪花就是我们的物质世界。尽管浪花多姿多彩，但它只是湖面荡起的涟漪，是湖面的一部分，或者就是湖面本身。

各种物质在宏观层面表现出各种特性，如铁的金属光泽、质地坚硬，水的无色无味、任意流动，墨的漆黑柔软、导电良好，等等。那么，这些特性是怎么来的？在科学的层面解释，是各种原子的本身不同以及它们的排列方式不同导致的性质不同，性质是原子排列的结果属于底层逻辑，不需要解释。

在这里，我试探性地与区块球模型结合来做另一种解释：物质的特性是由无数相互独立的原子相互影响所形成的去中心化复杂系统所涌现出的群体意志。也许有些牵强，但也只是我个人的些许猜想。如果这个解释是正确的，那么，社会科学与自然科学在区块球模型上就完美地融合在一起。或许，这个模型对寻找自然科学的万物理论，也有意想不到的启发。

三、时空的形状

子曰："逝者如斯夫，不舍昼夜。"我国古代的思想家孔子就很形象地描述过时间：时间啊，就像这条河流一样，向前奔腾，昼夜不息。这其中就包含了我们对时间认知的几个特性：时间是客观存在且均匀流逝的；时间在任何地方相对任何事物都是一样的；时间只能向前流逝，永远无法后退。

但是，爱因斯坦不这么认为。1905 年，爱因斯坦在他狭小的专利局办公室创立了物理学里程碑式的理论——狭义相对论，又于 1916 年创立了更为宏大的广义相对论。这是目前为止，对宇宏观宇宙描述最为精确的理论。

相对论有狭义和广义之分：狭义相对论是根据两条基本假设——狭义相对性原理和光速不变原理，推导的一系列结论，建立的理论；广义相对论是将牛顿的万有引力定律包含在狭义相对论的框架里面，基于引力与加速度等效原理而建立起框架的。前者主要是关于时间的描述，后者主要是关于空间的描述，合在一起，用简单的方式描述了我们生活的宇宙时空。

大家都知道，把一块石头扔到水里，会激起一圈一圈的水波，由内往外扩散。但是，并不是真的有一圈圈的水在往外运动，而是水作为一种介质在原地上下波动而形成了一种感观效应。当水波产生后，波的传播就跟波源没有关系了，它只跟传播的介质有关。同样的道理，由于光是一种波，那么，光的传播跟光源没有关系，只跟介质有关。

波的传播速度跟频率有关，爱因斯坦用严密的逻辑在他的脑海里证明了一点，那就是光在真空中的传播速度保持不变，始终是光速 c——约 30 万千米 / 秒，并且相对于任何参考系，光速都是不变的。也就是说，就算你跟着光一起跑，速度达到 29.99 万千米 / 秒，光相对于你的速度仍然是 c。所以，光速无法超越，且相对论禁止超光速。

既然光速在真空中相对于任何参考系的速度都是不变的，爱因斯坦先生便得出了一个伟大的结论，击毁了我们几千年来早已形成的世界观。我们一直以为时间是均匀的、向前流逝的，而爱因斯坦的结论简直是闻所未闻。

很多年前，我在一个网络公开课里听到过这个实验，它太简单了，以至于我想忘都忘不了。爱因斯坦是这么想象的：如果在太空中有两个一模一样的钟，这两个钟的计时方式很简单，就是一个光子在上下两块板子之间来回弹动。由于真空中的光速不变，光子每弹一个来回的时间肯定也是不变的，那么，就可以把光子运动一个来回所经历的时间作为一个时间段来计时。现在，这两个钟一个保持静止，而另外一个飞速平移，这一移动就出状况了。我们想象一下，那个静止不动的钟里面的光子的移动是上下来回的轨迹，而那个飞速平移的钟里面的光子除了上下移动，还要加上钟的平移轨迹。我们可以很直观地想象出，这个轨迹是一段波，钟的移动速度越是接近光速，这段波就越明显。因此，很容易得出一个结论，飞速平移的钟里的光子走过的距离比静止状态的钟里面的光子要大。

　　我们都知道，距离等于速度乘以时间。光速不变是前提，那时间呢？好像也没有变。钟表里面的光子上下一个来回，就是一个时间段。但是，飞速移动的那个钟里面的光子移动的距离却增大了。这不是太奇怪了吗？时间、速度都没有变，但是距离却增大了。

　　爱因斯坦先生到底是无比聪明的，这难不倒他，他由此得出了一个改变世界的结论。时间段没有变，但是时间变大了，唯有这样才能解释时间没变，而距离变大的现象。也就是说，就算是同样的一秒，那一秒也比这一秒大，时间越大则表示越慢。

　　可以想象一下，眨一下眼睛只需要现实的一秒钟，而在另一个时间里，虽然也是一秒钟，但由于时间比较大，完成这个眨眼的动作，在我们看来则慢得要命。所谓快慢都是相对的，你看我很慢，我就看你很快。那个眨眼慢的人并不能意识到自己很慢，反过来，他看见你的眨眼速度，或许还会吓一大跳。

　　爱因斯坦通过这个思想实验得出了一个结论，那就是时间是有快慢的，相对于一个参考系，速度越快则时间越慢，速度无限接近于光速，则时间无限接近于静止。这就是狭义相对论得出的主要结论，并且已经被无数的科学家用无数的实验证明了。

　　这里只是一些简单的描述，真正的相对论是由复杂的公式计算的，十分精确。在取得这一步成就后，爱因斯坦没有停止思考，他一直在思考一些简单的问题，比如：牛顿认为我们之所以站在地球上，是因为地球的引力吸引着我们。那么，如果有人从飞机上掉下来，就会因为地球引力做加速运动飞向地球，这时是处于失重状态的。如果此时封闭他的所有感观，他怎么确定现在不是在太空里呢？毕竟失重的感觉是一样的。又或者，身处一个正在太空中以 g 的加速度飞行的封闭房间里，由于加速度，他可以感觉到重力效应。那么，怎么区分自己是在太空中做加速运动，还是在地球上受到地球引力的影响呢？毕竟，这两种感觉是一样的。

就在这样的思考中，刹那间，爱因斯坦得到了这一生之中最重要的想法，那就是加速度与引力等效。正是基于这种等效原理，再结合狭义相对论，爱因斯坦通过一个思维中的转盘实验，推导出一系列重要的结论。

其中包括：物质的质量会引起空间的弯曲，质量越大弯曲的程度就越大，而万有引力也不是力，引力是空间弯曲的一种表现形式。

地球围绕太阳转动的运动是惯性运动。牛顿第一定律，也就是惯性定律指出：物体在不受力的情况下要么保持静止，要么做匀速直线运动。我们可以这么理解地球的惯性运动，太阳的质量很大，把它周围的空间都压弯了。空间都是弯的，那么空间里的直线必然也是弯的。而地球正是沿着这条弯曲的直线做匀速直线运动，显现出来的效果就是地球围绕着太阳转动。另外的结论还有：质量会引起时间的变化，一般来说，物质的质量越大，其周围的时间就越慢；质量无限大，时间就无限接近静止。至于这些结论的推导过程，就不详细描述了。

有了这几个结论，我们终于可以做一些有趣的事情了。现在，让我们来玩一个跳黑洞的游戏。假设在不远处有一个黑洞，你纵身一跃就跳了进去，由于黑洞的强大引力，你快速飞向黑洞。但是，在我看来，你却是越飞越慢，直到一动不动地贴在黑洞上面，永远也掉不进去。你对时间单位的意识还是跟以前一样，你觉得掉进去只用了一瞬间。可当你回过头来看我时，却发现我在飞快地老去，紧接着时光飞逝，沧海桑田。

这是为什么呢？原因是很简单的，因为黑洞的质量很大，其中心的密度甚至是无限大，越是靠近它，时间越是接近于静止。在我看来，你就是无限接近于静止，一动不动地贴在黑洞上面。时间是相对的，我看你很慢，你看我就很快，你的一秒钟很可能等于我的千千万万年。

科幻小说里经常有时空穿梭的情节，这些在理论上也是可行的。比如：乘一艘速度接近光速的宇宙飞船，飞一圈回来就到了许多年以后，若是在黑洞周围飞一圈回来，就更不用说。

时间可以被拉长，但是不能倒退。也就是说，只能到未来，却不能回到过去。这是为了防止你回到过去，把自己杀掉，那现在的你就是一个悖论，这就是时间穿梭。

空间穿梭就更好理解了。我们把空间想象成一张平躺的纸，纸上面有 A、B 两点，A、B 两点之间最短的距离是一条连接 A、B 两点的直线。但是，如果这张代表空间的纸是弯的，我们想得极端一点，这张纸弯成 A、B 两点重合在一起的样子。这个时候，从 A 到 B 最近的距离就是穿过纸面。

四、最后的问题

阿西莫夫《最后的问题》是我最喜欢的科幻小说，也是对我人生影响最大的科幻小说。《星空的琴弦》的作者汪洁将《最后的问题》中的人物都换成了刘慈欣三体里的人物罗辑、汪淼、丁仪等，重新译写之后感觉更适合中国读者。

　　最后的问题第一次被半开玩笑地提出是在 2061 年的 5 月 21 日，那时人类文明刚刚步入曙光中。有两个工程师在一次喝酒时打了个 100 元的赌，它是这么发生的：

　　汪淼与丁仪是两个忠实的管理员，他们管理的对象就是人工智能——超脑。这台庞大的机器长达几公里，无数的小灯在闪烁着，发出各种风扇声和"嘀嘀"声。汪淼和丁仪与其他上百个管理员一样，对超脑背后的运作机制一无所知。实际上，这台人工智能已经复杂到没有任何一个人能完全搞懂的地步，即便是它的程序设计者，也是一个庞大的团队，每个人负责其中一小块。所谓的总设计师，也只是对它的大致蓝图有个基本概念，因为总设计师都换了好多任了。人类像接力赛一样，一代一代地接力开发超脑计算机。

　　超脑能自我调节和自我修正，这是必须的，因为人类已经做不到这一点了，它已经太复杂了。所以汪淼和丁仪其实只是对这个庞然大物进行一些非常轻松和肤浅的管理，任何其他人也都只能做到这个程度。他们要做的仅仅是给它输入数据，根据格式修改问题，最后翻译给出的答案。

　　几十年中，在超脑的帮助下人类建造了宇宙飞船，计算出航行路径，从而得以登陆火星和金星。但是更远的恒星际航行需要更大量的能源，地球上可怜的资源不足以支撑这些飞船。尽管人类不断地提高石油和核能的利用效率，但石油与核材料都是有限的。

　　不过，超脑的智力发展超过了人们的预期，它学会了如何从根本上解决某些深层次问题。2061 年 5 月 14 日，理论成为现实。

　　太阳的能量被储存和转化，得以被全球规模地直接利用。整个地球熄灭了炼油厂、火力发电站，关闭了核反应堆，打开了连接到那个小小的太阳能空间站的开关。这个空间站直径一千米，在到月球的距离一半处环绕着地球。阳光支撑着整个地球社会的运行。超脑和他的维护团队获得了巨大的荣誉。

全社会为他们庆功七天，这是人类历史中一次里程碑式的创举。

汪淼和丁仪总算逃脱了公众事务，悄悄地相聚在一个谁也想不到的荒僻工作间中。在这里，超脑的庞大身躯露出了一部分，它正独自闲暇地整理着数据，发出满足的、慵懒的"嘀嗒"声，超脑也得到了假期。汪淼和丁仪了解这一点，所以一开始他们俩并没打算打扰它。

他们带来了一瓶酒，这会儿他们想做的只是在一起，喝喝酒，放松放松。

"想一想还真是神奇，"汪淼说，他宽阔的脸庞已有了疲倦的纹路，他慢慢地用玻璃棒搅动着酒，看着冰块笨拙地滑动。"从今以后，能源再也不值钱了，只要我们想干，甚至可以把地球熔化成一颗液态大铁球，并且毫不在乎花掉的能量。即便是花掉的这些能量我看就够我们永远永远用下去了。"

丁仪将头歪向一边，撇了撇嘴，这是当他想要反驳对方时的习惯动作："不是永远，老刘。"

"去你的，差不多就是永远，直到太阳完蛋，老丁。"

"那就不是永远。"

"好吧。几十亿年，可能 100 亿年，这下满意了吧？"

丁仪用手梳着他稀薄的头发，仿佛要确认还剩下了一些。他缓缓地泯着自己的酒说："100 亿年也不是永远。"

"但对我们来说是够了，不是吗？"

"如果说够，其实铀235对我们来说也够了。"

"好好好，但是现在我们能把宇宙飞船连接到太阳能电站，然后飞到冥王星又飞回来100万次而不用担心燃料，靠铀235你就做不到，不信你去问问超脑。"

"我不用问它。我知道。"

"那就不要小看超脑为我们做的事！"汪淼怒道，"它做得很好。"

"谁说它做得不好？我是说太阳不能永远燃烧下去，我是这个意思。我们在100亿年内可以高枕无忧，但是然后呢？"丁仪用略微颤抖的手指指着对方，"不要说我们换另外一个太阳。"

俩人沉默了一会儿，汪淼偶尔将酒杯放到唇边，而丁仪则慢慢地闭上了眼睛。两人都在休息。

然后丁仪突然睁开眼，说："你在想当我们的太阳没了就换另外一个太阳，是吧？"

"我没这么想。"

"你就是这么想的。你的逻辑不行，这就是你的问题。你就像故事里说的那个人一样，碰上了雨就跑到树林里躲在一棵树下，他可不担心，是吧？因为他以为当这棵树淋得太湿的时候他只要跑到另一棵树下就行。"

"我知道，"汪淼说，"别嚷嚷。太阳完蛋了，其他的也都会完蛋。"

"完全正确，"丁仪嘟哝道，"一切都起源于宇宙大爆炸中，尽管我们还不知道是什么原因导致的，但是当所有的恒星都熄灭了，一切也都会有个结束。有的星星熄灭得比别的早，像那些该死的巨星维持不了

一亿年，而我们的太阳能持续一百亿年，红矮星再怎么样最多也只有
2000 亿年。10000 亿年后一切都是一片漆黑，熵必须增加到最大值，就
是这样。"

"我非常明白什么是熵。"汪淼维护着他的自尊。

"你明白个屁。"

"我跟你知道的一样多。"

"那你该知道某一天所有的东西都会耗光。"

"是是是！谁说它们不会呢？"

"你刚才说什么来着？你这个糊涂虫，你刚才说我们有永远用不完
的能量，说的是'永远'。"

汪淼有点小尴尬，不过他马上反驳说："也许有一天我们能让一切
从头开始。"

"绝不可能。"

"为什么？总有那么一天的。"

"没有。"

"问问超脑。"

"你去问超脑。我赌 100 元它说这不可能。"

汪淼刚刚醉到愿意一试，又刚刚足够清醒到能拼写出问问题需要的
代码，这个问题用文字来表达就是：怎样使宇宙的熵值降低？

超脑陷入了静止和沉默，缓慢闪烁的灯光熄灭了，深处传来的"哔
哔"声也停止了。

正当这两位被吓坏的工程师感到他们无法再屏住呼吸时，忽然间屏
幕上开始有反应，它打出几个字：数据不足，无法回答。

"哟！超脑也有不知道的事情，看来赌不成了。"俩人似乎都舒了一口气，于是匆忙离开了。到了第二天早晨，两人头晕脑胀，口干舌燥，都把这件事给忘了。

时光飞逝，一转眼，1000 多年过去了。

云天明、艾 AA 和他们的孩子云程、云心一家四口注视着屏幕中变幻的星空影像，飞船在超越时间的一瞬中穿越了超时空，均匀分布的星群立刻变成了一个明亮的圆盘，看上去像一颗明亮的玻璃弹，占据着屏幕的正中心。

"那就是海尼赛星。"云天明自信地说，他紧握自己的手，背在身后，手指细长，指节发白。

两个小朋友都是女孩，她们一生中第一次经历超时空飞行，清晰地感到那种片刻的恶心。她们大声地嬉笑着，疯狂地绕着她们的母亲互相追逐，一边尖叫："我们到海尼赛了——我们到海尼赛了！"

"小鬼们，别闹了！"云天明严厉地说。"AA，你真的确定吗？"

"当然确定。"艾 AA 瞟了一眼天花板上凸出的那块毫不起眼的金属，它从房间的一头延伸到另一头，两端埋入墙壁中，和整个飞船一样长。

艾 AA 对这条厚厚的金属棒几乎一无所知，她只知道，这玩意叫超脑，你可以问它任何问题。超脑控制着飞船飞向目的地，从不同的银河系能量分站获取能量。最重要的是，超脑能完成超时空跳跃的复杂计算。

云天明一家只需要住在飞船舒适的房间中，超脑就几乎能完成一切工作。曾经有人告诉云天明，"超脑"其实是古汉语中"超级人工智能"的简称，但人工智能这个词也已经很古老了，云天明差不多也快忘了啥意思了。

艾 AA 看着屏幕，眼睛有些湿润。她说："没办法。想到离开了地球我就感觉怪怪的。"

"有什么好难过的？"云天明问，"我们在地球上什么也没有，但在海尼赛，我们会拥有一切。你并不孤单，你又不是那些拓荒者，这个行星上已经有超过 100 万人了。不过，想想也麻烦，到了我们的曾孙这一代，他们就不得不去找新的星球，因为到那时海尼赛就会太挤了，人口增长得实在太快，幸亏不知道谁发明了超脑，能星际旅行了。"

小云程接口说："我们的超脑是世界上最好的超脑。"

"没错，我也是这么想的。"云天明抚摸着她的头发说。

能拥有一台属于自己的个人超脑，这感觉真是棒。云天明很高兴自己活在这个时代，在他父亲年轻的时候，每台超脑都是占地 100 平方公里的巨大机器，一个星球只有一台，被称作行星超脑。1000 年来，它们的体积先是逐步地增加，然后忽然间就缩小了，因为量子计算取代了电子计算，这使得最大的行星超脑都缩小到了只有一艘飞船的一半体积，于是，行星两个字的前缀也不需要了。现在，每艘飞船上都装了一台超脑。

每当想到这件事，云天明总是感到飘飘然。他现在拥有的这台超脑，甚至比那台曾经第一次完成了太阳 1：1 数学模拟的超脑还要强大好几倍，而且和第一台解决了超时空传送问题，从而实现了星际航行的地球行星超脑一样强大。

"这么多的恒星，这么多的行星。"艾 AA 想着心事，叹息道。"我想，人们永远会不断地出发去寻找新的行星，就像我们现在这样。"

"不是永远，"云天明笑了一笑说。"有一天这一切都会停下来，但那或许是在几万亿年之后了。好几万亿年后，即使是星星也会耗尽，你知道的。熵必须不断增大。"

"爸爸，熵是什么？"小云心喊道。

"小宝贝，熵，就是一个代表着宇宙消耗掉了多少的词汇。什么东西都会消耗，知道吗？就像你那个会走路会说话的小机器人，电池消耗完了就不会动了。"

"你不能给它装一个新的电池吗，就像给我的机器人那样？"

"星星们就是电池，亲爱的。一旦它们用完了，就没有别的电池了。"

没想到小云程一下子大哭了起来："别让它们用完，爸爸。别让星星们用完啊！"

"看看你说了什么！"艾 AA 恼火地低声说道。

"我怎么知道这会吓到她们？"云天明低声反驳。

"问问超脑吧，"小云程哭叫道。"问它怎么把星星重新点亮。"

"问吧，"艾 AA 说，"这会让她们安静点的。"（这时候小云心也开始哭起来了）

云天明耸耸肩："好了，好了，孩子们。我去问超脑。别着急，它会告诉我们的。"

云天明向超脑喊出了 10 个世纪前两位工程师曾经问过的一模一样的问题："怎样使宇宙的熵值降低？"还加上了一句"把答案打印出来给我看"。

过了一会儿，云天明将薄薄的纤维纸带握在手心，高兴地说："看吧，超脑说到时候它会料理这一切，所以别担心啦！"

艾 AA 说："现在，孩子们，该睡觉了，我们马上就要到我们的新家了。"

在销毁纸带之前云天明又读了一遍上面的文字：数据不足，无法回答。

他耸了耸肩，看向屏幕。海尼赛就在前方。

时光飞逝，又是 100 多万年过去了。

罗辑一边注视着银河全息图，一边说："担心这件事情，会不会就是杞人忧天呢？"

章北海摇头说："我不觉得。你知道，照现在的扩张速度，银河系在五年内就会被挤爆掉。"

两个人看起来都是 20 出头，都很高大健康。

罗辑说："但是，我不太想给银河中央政治局提交这样一个悲观的报告。"

章北海说："我必须如实报告，引起他们的注意。"

罗辑说："可是你有没有想过，太空是无限的，还有 1000 亿甚至更多个星系等着我们呢。"

章北海说："1000 亿并不是无限，而且正在变得越来越有限。想想吧！20000 年前人类刚刚找到了利用恒星能量的方法，几个世纪之后星际旅行就实现了。人类用了 100 万年才填满一个小小的星球，可是只用了 15000 年就占据了整个银河系，而现在人口每 10 年就翻一倍。"

罗辑插口说："这都是因为人类战胜了死亡。"

章北海说："不错。现在每个人都能长生不老了，但这事也有可怕的一面。银河超脑给我们解决了很多问题，但是，当它解决了衰老和死亡之后，其他的一切都白费了。"

　　罗辑说："说的是不错，但我们谁不想长生不老呢？你愿意主动放弃生命吗？"

　　"我当然也不想。"章北海加重语气说，"至少现在还不想，我还一点也不老。你多少岁了？"

　　罗辑："223 岁。你呢？"

　　章北海："我还不到 200，但回到我说的事情上来，现在人口每 10 年就翻一番，一旦银河系被占满了，我们就会在 10 年内占满另一个。再过 10 年我们能占满另外两个。再过 10 年，4 个。100 年内我们会占满 1000 个星系。1000 年内，是 100 万个。1 万年内就是整个已知的宇宙。然后呢？"

　　罗辑说："还有另外一个更严重的问题，我不知道把一整个星系的人运送到另一个星系，需要多少太阳单位的能量？"

　　章北海："这一点说得很对，人类现在每年已经得消耗两个太阳单位的能量了。"

　　罗辑："其实大部分都被浪费了。人类每年要熄灭掉相当于 1000 个太阳的恒星，而能为我们所用的能量其实就只有两个太阳单位能。"

　　章北海："没错，但是即使有百分之百的效率，我们也只是推迟了大结局的到来。我们对能量的需求以几何级数增长，比人口增长还要快。在占据完所有星系之前，我们就会用光所有能量。"

　　罗辑："或许我们可以用星际尘埃造出新的恒星。"

　　"你是不是还想说，把散失掉的热量重新收集回来？"章北海略带嘲讽地说。

　　罗辑："也许会有办法逆转熵的增加，我们应该问问银河超脑。"

　　罗辑原本只是随口一说，并不是很认真的，但章北海已经把他的超脑链接器从口袋里拿出来放在桌子上了："我确实有点想问，这个问题总有一天人类得面对。"

　　章北海忧郁地注视着小小的超脑链接器，要与那个服务于全人类的银河超脑连接，就必须有链接器，从某种意义上来说，这也是超脑的一部分。他突然很想去看看银河超脑的真容，据说那是在银心附近的一个小小的岩状星球上，蛛网一般的能量束支持着超脑的核心，古老的电子计算单元早已被量子叠加态计算单元取代。尽管有普朗克尺度级的精密结构，银河超脑的直径仍然足有 1000 米长。

　　章北海向银河超脑问道："熵的增加能被逆转吗？"

　　两个人充满期待地等待着超脑的回答，过了一会儿，从桌上的链接器中传出一个没有任何感情的声音：数据不足，无法回答。

　　两人互相对望了一眼，他们并不感到惊讶。

　　于是两人又开始讨论他们要给银河中央政治局做的报告了。

　　时光飞逝，几千万年又过去了。

　　歌者的思想飘浮在一个新的星系中，星系虽然多得数也数不清，但是每一个星系都住满了人。不过，此时的人还能算是生命吗？

　　因为歌者只有心灵！不朽的肉体还留在行星上的培养基中，已经千万年。偶尔肉体会被唤醒进行某些实际活动，但这已经越来越少见了，现在也很少再有新的个体出生。但这有什么关系呢？宇宙已经没有多少空间能容纳新出生的人了。

　　忽然，来自另一个心灵的纤细触手碰到了歌者。

　　"我叫歌者，"歌者说，"你呢？"

"我叫海。你是哪个星系的？"

歌者："我们就叫它我们的星系。你呢？"

海："我们也这么叫的，所有的人都把他们的星系叫作'我们的星系'。"

歌者："没错，反正所有的星系都是一样的。"

海："不是所有的星系，肯定有某一个星系是人类的发源地，至少它是与众不同的。"

歌者；"我不知道它在哪里，宇宙超脑一定知道。"

海："我们问问它吧？我突然觉得很好奇。"

歌者将感知延展开，直到星系们都缩小为背景上的一个个点。几千亿个星系，承载着不朽的人类，承载着这些灵魂在太空自由游荡的智慧生命，然而它们之中有一个独一无二的星系，是人类的发源地。在模糊的久远的过去，曾有一个时期，它是唯一居住着人类的星系。

歌者满心好奇地想看看这个星系，他叫道："宇宙超脑！人类是从哪个恒星系中起源的？"

宇宙超脑听到了，因为链接器无处不在，每一个链接器都通过超时空与隐藏在某个角落的宇宙超脑相连。

歌者认识的人中只有一个人曾将思想穿透到宇宙超脑所在的地方。他说那只是一个闪光的球体，直径不到 1 米，几乎看不见。

"它难道是宇宙超脑的全部？"歌者曾经这样发问。

"它的大部分是在超时空中。"那人回答说，"但它在那儿是以怎样的状态存在，我是无法想像的。"

歌者知道，任何人都无法想像，因为早在很久以前，就没有任何人类参与制造宇宙超脑了。每个宇宙超脑设计并制造自己的下一代，每一个在它至少 100 万年的任期中积累着所需的数据，用以制造一个更好、更精密、更强大的继任者，然后将自己的数据与个性都写入其中。

宇宙超脑打断了歌者游荡的思绪，不是通过语言，而是通过指引。歌者的精神被指引到一片黯淡的恒星的海洋，然后其中一个恒星团被放大成了群星。

一段思想飘近，它无限遥远，然而无限清晰："这就是人类起源的恒星团。"

看上去没有什么不同嘛，歌者不禁有点儿失望。

同行的海突然问："这些星星中是不是有一颗是人类最初的恒星？"

宇宙超脑说："人类最初的恒星已经爆发了，它现在是一颗白矮星。"

"那儿的人都死了吗？"歌者吃了一惊，脱口而出道。

宇宙超脑说："不会，我会及时为他们建造一个新的星球供躯体居住。"

"哦，原来如此。"歌者说，但他还是被一阵失落感吞没了。他的思想放开了人类的起源星系，让它缩回并消失在一片模糊的亮点中，他再也不想见到它了。

海问："怎么了？"

歌者："星星们在死去。最初的那颗星已经死了。"

海："它们全都会死的。那又怎样呢？"

歌者："但是当所有的能量都没有了，我们的肉体最终也会死，包括你和我。"

海："这得要几十亿年。"

歌者："即使是几十亿年之后我也不愿意这样的事发生。宇宙超脑，告诉我怎样阻止恒星死亡？"

海笑道："你问的是怎么让熵的方向倒过来。"

宇宙超脑答道："数据仍然不足，无法回答。"

歌者的思想逃回了他自己的星系，他再也没有遇见过海。海的身体可能在 100 亿光年之外的星系，也可能就在歌者旁边那颗星星上。这都无所谓。

歌者闷闷不乐地开始收集星际中的氢元素，他想制造一颗自己的小恒星。如果某天星星们非要死去，至少有一些能被造出来。

时光飞逝，几十亿年过去了。

人，独自地思考着。在某种意义上——精神上——"人"是一个整体。千万亿永恒的不朽的躯体静静地躺在各自的地方，被完美的同样不朽的机器照料着，而所有这些身体的灵魂自由地融合在彼此之中，再也没有界限。

人说："宇宙正在死去。"

人看着周围黯淡的星系，那些挥霍无度的巨星早已消失在了遥远昏暗的过去，几乎所有的恒星都变成了白矮星，渐渐地凋零、熄灭。

有些新的恒星从星际的尘埃中产生出来，有的是自然形成，有的是被人制造出来的——但这些也都在死去。白矮星有时会相撞而释放出大量能量，新星因而产生，但是每 1000 颗白矮星才有可能出现一颗新星——但它们最终也会消失。

人说："如果在宇宙超脑的管理之下小心地节约能源，整个宇宙剩下的能量还能用 10 亿年。"

"但即使是这样，"人说，"最终都会耗尽，无论怎样节约，无论怎样利用，用掉的能量就是用掉了，不能回复。熵必定永远地增加，直到最大值。"

人又说："熵有没有可能逆转呢？我们问问宇宙超脑吧。"

宇宙超脑就在他们的周围，但不是在太空中，它不再有一丝一毫存在于太空中，而是存在于超时空，由既非物质又非能量的东西构成。它的大小与性质已无法用任何人类能理解的语言描述。

"宇宙超脑，"人问道，"怎样才能逆转熵？"

宇宙超脑说："数据仍然不足，无法回答。"

人说："那就搜集更多的数据。"

宇宙超脑说："好的。一千亿年来我一直都在搜集，我和我的前辈们被多次问过这个问题，但我拥有的所有数据还是不够。"

"会有一天有足够的数据吗？"人问，"还是说这个问题在任何可能的情况下都是无解的？"

宇宙超脑说："在任何可能的情况下都无解的问题不存在。"

人问道："你什么时候会有足够的数据来回答这个问题呢？"

宇宙超脑说："数据不足，无法回答。"

"你会继续下去解决这个问题吗？"人问。

宇宙超脑说："是的。"

人说："我们会等着。"

一个又一个的星系死去、消逝了。

在这 10 万亿年的衰竭之中，宇宙变得越来越黑暗。

一个又一个的人与超脑融合，每一个躯体都失去了心灵，但从某种意义上说这不是一种损失，而是一种获得。

人类最后一个灵魂在融合之前停顿下来，望向宇宙，那儿什么也没有了，只有最后一颗死星的遗骸，只有稀薄至极的尘埃，在剩余的一缕无限趋向绝对零度的热量中随机地振荡。

人说："超脑，这就是结局了吗？这种混乱还能被逆转成为一个新的宇宙吗？真的做不到吗？"

超脑说："数据仍然不足，无法回答。"

人的最后一个灵魂也融合了，只有超脑存在着——在超时空中。

物质与能量都消失了，随之而去的是空间与时间。超脑的存在也仅仅是为了最后一个问题，这个问题 10 万亿年前由一个半醉的计算机管理员第一次提出，这是超脑没有回答过的最后一个问题。

其他所有问题都被回答过了，然而直到回答了最后这个问题，超脑的意识才能得到解脱。

所有数据的收集都结束了，所有的数据都被收集了。

但是所有被收集的数据还需要被完全地整合起来，要尝试所有可能性的联系来将它们拼在一起。

又过去了超时间的一刻钟。

超脑学会了如何逆转熵的方向。

但是超脑已经无法对人说出最后问题的答案了，因为没有人存在了。没关系。演示这个答案本身将一并解决这个问题。

在又一超越时间的片刻之中，超脑思考着怎样最好地做这件事情。超脑小心地组织起程序。

超脑的意识包涵了曾经的宇宙中的一切，在如今的混乱之中沉思、孵育。一步一步地，事情将会被做成。

然后，超脑说："要有光！"

于是就有了光——